USO E PORTE DE ARMA

LEGISLAÇÃO E JURISPRUDÊNCIA

JOÃO MIGUEL GALHARDO COELHO
Advogado

USO E PORTE DE ARMA

LEGISLAÇÃO E JURISPRUDÊNCIA

LIVRARIA ALMEDINA
COIMBRA 1997

TÍTULO:	USO E PORTE DE ARMA LEGISLAÇÃO E JURISPRUDÊNCIA
AUTOR:	JOÃO MIGUEL GALHARDO COELHO
DISTRIBUIDORES:	LIVRARIA ALMEDINA ARCO DE ALMEDINA, 15 TELEF. (039) 4191902 FAX. (039) 4191901 3 000 COIMBRA – PORTUGAL LIVRARIA ALMEDINA – PORTO R. DE CEUTA, 79 TELEF. (02) 319783 FAX. (02) 2026510 4050 PORTO – PORTUGAL EDIÇÕES GLOBO, LDA. R.S. FILIPE NERY, 37-A (AO RATO) TELEF. (01) 3857619 1250 LISBOA – PORTUGAL
EXECUÇÃO GRÁFICA:	G.C. – GRÁFICA DE COIMBRA
TIRAGEM:	1 500 EX.
	JANEIRO, 1997
DEPÓSITO LEGAL:	106450/97

PREFÁCIO

O actual regime legal do uso e porte, bem como do fabrico, importação, comércio, manifesto e detenção de armas e munições, encontra-se disperso por um conjunto de diplomas emanados de distintos períodos da vida socio-política nacional – do Estado Novo ao período pós-revolucionário de 25 de Abril de 1974, e até aos dias de hoje, em que Portugal é parte da Comunidade Europeia.

Ao longo desse tempo, também a Lei penal – material e processual –, que rege o quadro sancionatório dos ilícitos relacionados com armas, conheceu significativas alterações.

A sucessão temporal dos regimes de regulamentação de armas, vocacionados para vigorar em diferentes momentos da realidade nacional, originou um acervo legislativo nem sempre isento de dificuldades de interpretação, elaboração e aplicação jurídicas.

A presente colectânea reúne a legislação fundamental neste domínio e alguma jurisprudência ilustrativa do sentido da sua aplicação.

Desejo que tenha resultado um volume de fácil consulta e utilidade prática para todos quantos a ele recorram por motivos profissionais ou de simples informação.

Lisboa, Novembro de 1996

O Autor

Parte I

LEGISLAÇÃO

REGULAMENTAÇÃO GERAL DO USO E PORTE DE ARMAS E MUNIÇÕES

DECRETO-LEI N.° 37 313 (*)
de 21 de Fevereiro de 1949

ARTIGO 1.º

São aprovados o regulamento respeitante ao fabrico, importação, exportação, comércio, detenção, manifesto, uso e porte de armas e suas munições, os diversos modelos de impressos e as tabelas emolumentares que substituem as dos Decretos n.os 13 994, de 28 de Julho de 1927, e 14 026, de 2 de Agosto do mesmo ano, ampliam as anexas ao Decreto-Lei n.° 36 085, de 31 de Dezembro de 1946, fazem parte integrante do referido regulamento e baixam assinadas pelo Ministro do Interior.

ARTIGO 2.º

As dúvidas suscitadas sobre a interpretação do regulamento aprovado por este diploma serão resolvidas por despacho do Ministro do Interior, sobre informação do Comando-Geral da Polícia de Segurança Pública, publicando-se no *Diário do Governo* os respectivos despachos, bem como quaisquer instruções complementares para execução do mesmo regulamento.

(*) Embora desactualizado, parcialmente revogado e carecido de profunda reformulação, o Regulamento aprovado pelo D.L. n.º 37 313 mantem-se como o diploma que comporta a regulamentação geral do fabrico, comércio, manifesto, uso e porte de armas e munições. O D.L. n.º 399/93, de 3/12, nos seus artigos 5.º e seguintes, operou a actualização das taxas, emolumentos e coimas (v. *infra* as notas insertas nos respectivos artigos e Tabelas emolumentares).

ARTIGO 3.º

Os serviços de cadastro de armamento integrados no Comando-Geral da Polícia de Segurança Pública por força do disposto no artigo 1.° do Decreto-Lei n.° 36 085, de 31 de Dezembro de 1946, ficam incorporados na Secção de Armas e Explosivos do mesmo Comando-Geral, com o respectivo pessoal civil.

ARTIGO 4.º

É permitida a realização de trabalhos extraordinários na secretaria do Comando-Geral da Polícia de Segurança Pública para a montagem dos serviços relacionados com a execução do regulamento aprovado por este Decreto-Lei no corrente ano, e ainda pelo período de três meses em cada ano, nas épocas de maior afluência de manifestos de armas e averbamento de transferências de propriedade.

§ único – Os encargos resultantes da execução do disposto neste artigo serão custeados pelo Fundo de Fiscalização criado pelo artigo 7.° do Decreto-Lei n.° 36 085, de 31 de Dezembro de 1946.

ARTIGO 5.º

Este Decreto-Lei revoga o Decreto n.° 18 754, publicado em 4 de Setembro de 1930, todas as portarias expedidas com fundamento no seu artigo 83.°, e ainda os Decretos n.os 13 740, de 21 de Maio de 1927, 20 896, de 13 de Fevereiro de 1932, 25 762, de 17 de Agosto de 1935, 19 119, de 11 de Dezembro de 1930, bem como a Portaria n.° 10 725, de 12 de Agosto de 1944.

REGULAMENTO RESPEITANTE AO FABRICO, IMPORTAÇÃO, COMÉRCIO, DETENÇÃO, MANIFESTO USO E PORTE DE ARMAS E SUAS MUNIÇÕES

CAPÍTULO I
Classificação das armas

I – Armas de defesa

ARTIGO 1.º

São consideradas armas de defesa:

1.º – Para o Presidente da República, membros do Governo e oficiais do activo do Exército ou da Armada, ou na situação de reserva em serviço efectivo, as pistolas, revólveres, armas de fogo ou armamento de qualquer natureza, seja qual for o seu calibre ou modelo.

2.º – Para os membros da Assembleia Nacional e da Câmara Corporativa, directores-gerais dos Ministérios e seus adjuntos, chefes de gabinete e secretários do Presidente da República e dos membros do Governo, governadores civis, magistrados judiciais e do Ministério Público, membros ou directores-gerais de qualquer tribunal, presidentes das juntas provinciais ou juntas gerais dos distritos autónomos, presidentes das câmaras municipais, delegados do Governo de qualquer natureza, oficiais e sargentos do Exército ou da Armada em qualquer situação, funcionários do Ministério das Finanças de categoria igual ou superior a inspector, funcionários públicos de categoria igual ou superior a chefe de repartição, oficiais de milícia da Legião Portuguesa, pessoal efectivo ou auxiliar das organizações policiais e de defesa do Estado, quaisquer funcionários públicos ou agentes constantemente investidos de funções de carácter policial ou fiscal:

a) Quando fornecidas pelo Estado, pistolas automáticas de calibre inferior a 9 milímetros ou revólveres de qualquer calibre, cujo comprimento de cano não seja, em ambos os casos, superior a 10 centímetros ou 4 polegadas;
b) Quando sua propriedade particular, pistolas automáticas de calibre 7,65 mm ou inferior e revólveres de calibre não superior a 9 milímetros, cujo cano não seja, em ambos os casos, de comprimento superior a 10 centímetros ou 4 polegadas.

3.º – Para quaisquer entidades ou indivíduos de maioridade, ou emancipados maiores de 18 anos, pistolas automáticas de calibre inferior a 7,65 mm ou revólveres de calibre inferior a 9 milímetros. O comprimento do cano destas armas não deve porém exceder:

a) 7,5 cm para pistolas de calibre não superior a 6,35 mm;
b) 6 cm para pistolas compreendidas entre os calibres 6,35 mm e 7,65 mm;
c) 10 cm (4 polegadas) para os revólveres.

II – Armas de caça

ARTIGO 2.º

Consideram-se armas de caça as espingardas de um ou mais canos, de alma lisa ou sistema *Paradox*, destinadas a exercícios venatórios ou a outros usos previstos ou permitidos por este regulamento.

§ único – As armas destinadas a caça grossa poderão obter a classificação deste artigo quando importadas e vendidas segundo as regras e formalidades previstas no § 1.° do artigo 33.°, ou, ainda, a requerimento dos interessados, favoravelmente informado pela autoridade competente, mesmo que se trate de armas munidas de alça telescópica e com características especiais de precisão.

III – Armas de precisão

ARTIGO 3.º

São consideradas armas de precisão as carabinas, pistolas ou revólveres de cano estriado, de qualquer calibre, destinadas a serviços da Legião Portuguesa e da Organização Nacional Mocidade Portuguesa, e ainda aos sócios das agremiações de tiro, de harmonia com o artigo 62.°, desde que possuam as seguintes características: *diopter,* alças deriváveis, miras especiais com ou sem túnel e gatilho de cabelo.

§ único – No caso de faltar qualquer das características designadas neste artigo, as armas serão classificadas conforme o seu calibre e fins a que se destinam.

IV – Armas de recreio

ARTIGO 4.º

Consideram-se armas de recreio as carabinas, pistolas ou revólveres sistema *Flaubert* e outras, de alma estriada, de calibre não superior a 6 milímetros, ou de alma lisa, de calibre não superior a 9 milímetros, com as seguintes características:

a) Armas simples: tiro simples, alça fixa e ponto de mira fixo;
b) Armas aperfeiçoadas: de repetição, semiautomáticas, alça com cursor e ponto de mira simples ou desmontável.

§ único – As carabinas ou pistolas de pressão de ar podem ser consideradas como armas de recreio e sujeitas às disposições deste regulamento quando o perito militar entenda que lhes deve caber tal classificação.

V – Armas de ornamentação

ARTIGO 5.º

Consideram-se armas de ornamentação as armas de fogo de qualquer calibre ou modelo fora de uso e incapazes de serem utilizadas; as armas brancas caídas em desuso de modelos antigos; as armas artísticas, brancas ou de fogo, antiquadas, e ainda as armas gentílicas, contanto que sejam empregadas exclusivamente na decoração interna de casas ou façam parte de colecções.

VI – Armas de valor estimativo

ARTIGO 6.º

Consideram-se de valor estimativo as armas de fogo de qualquer calibre ou modelo, desacompanhadas de munições, cujo proprietário requeira a sua conservação a título de recordação ou outro fundamento atendível; consideram-se ainda abrangidas nesta classificação as armas brancas de qualquer natureza e as pertencentes a equipamentos militares, em idênticas condições, observado que seja o disposto no § 1.° do artigo 46.º.

VII – Material de guerra

ARTIGO 7.º

São considerados material de guerra todo o armamento e munições em uso ou destinados aos Ministérios da Guerra e da Marinha, bem como os que pertençam ou se destinem às forças armadas subordinadas a outros Ministérios.

§ único – Consideram-se ainda material de guerra para efeito de importação, uso ou quaisquer outros previstos na legislação vigente:

a) As pistolas de calibre superior a 7,65 mm;

b) Os revólveres de calibre superior a 9 milímetros ou de comprimento de cano excedendo a 10 centímetros ou 4 polegadas;

c) As espingardas ou carabinas de cano estriado, de calibre igual ou superior a 6,5 mm sem prejuízo do disposto no parágrafo único do artigo 2.º e no artigo 3.°, desde que sejam importadas, conservadas, vendidas e usadas de harmonia com as prescrições estabelecidas neste regulamento;

d) As armas de fogo de tiro automático de qualquer natureza;

e) Quaisquer armas de fogo, ligeiras ou pesadas, especialmente afectas, no País ou no estrangeiro, a fins exclusivamente militares;

f) Os veículos automóveis ou reboques de qualquer natureza especialmente preparados para receber ou ser equipados com armas de fogo, bem como os protegidos com blindagens ou couraças com mais de 5 milímetros de espessura.

VIII – Munições

ARTIGO 8.º

Às munições destinadas ao armamento de que tratam os artigos 1.º a 4.º e o artigo 7.º compete a classificação que for atribuída às armas que lhes correspondam.

IX – Utensílios com lâmina, destinados ao uso doméstico, venatório ou a outros desportos, indústrias, agricultura, ofícios ou profissões

ARTIGO 9.º

Não se consideram armas proibidas ou de uso reservado os utensílios destinados ao uso doméstico, venatório e de outros desportos, indústria, agricultura, ofícios ou profissões, salvo quando os seus portadores sejam com eles encontrados fora dos locais onde é normal o seu emprego.

Não são também consideradas armas proibidas os canivetes com mola fixadora quando a lâmina não exceda 15 centímetros medidos do rebordo do cabo.

X – Armas proibidas

ARTIGO 10.º

Consideram-se proibidas:

a) As armas brancas ou de fogo pertencentes aos exércitos de terra, mar e ar, sempre que detidas por indivíduos estranhos àquelas corporações ou por entidades diversas não legalmente autorizadas, bem como as respectivas munições, salvo o disposto no artigo 6.º, quando o detentor justifique a sua posse;
b) As substâncias sólidas, líquidas ou gasosas que sejam intoxicantes, lacrimogéneas, asfixiantes ou vesicantes, e quaisquer outras empregadas na guerra, excepto quando detidas por quem delas faça comércio ou lhes dê aplicação lícita;
c) As armas brancas ou de fogo com disfarce, boxes, choupas ou instrumentos sem aplicação definida, mas que possam ser usadas como arma de agressão e o seu portador não justifique a sua posse.

CAPITULO II

SECÇÃO I

Fabrico de armas e munições

ARTIGO 11.º

Poderá ser autorizada a montagem do fabrico de artigos de armamento ou munições a quem se encontre munido das necessárias licenças para laboração desta indústria e habilitado com:

a) Alvará do Governo Civil, a renovar anualmente, ouvido o Comando-Geral da Polícia de Segurança Pública;

b) Registo no Comando-Geral da Polícia de Segurança Pública;

c) Alvará de armeiro, sempre que pretenda fazer vendas directas ao público.

§ 1.º – O fabrico ou tentativa de fabrico de quaisquer armas de fogo fora das condições deste artigo é punível nos termos da lei.

§ 2.º – As armas fabricadas pela indústria particular e que nos termos do presente regulamento sejam consideradas como material de guerra serão sujeitas a exame nas fábricas do Estado, após o que lhes será aposta a marca de verificação, mediante formalidades a fixar pela autoridade militar.

SECÇÃO II

Importação e Exportação de armas e munições

ARTIGO 12.º

As importações ao abrigo deste regulamento realizar-se-ão unicamente pelas Alfândegas de Lisboa, Porto, Funchal, Angra do Heroísmo e Ponta Delgada, compreendendo, quanto a Lisboa e Porto, as respectivas delegações urbanas e casas de despacho junto das encomendas postais, e, quanto a Ponta Delgada, a delegação aduaneira de Vila do Porto, junto do Aeroporto de Santa Maria, nas condições seguintes:

1.ª – Os importadores deverão habilitar-se ao exercício do comércio de armas e munições nos termos do artigo 30.º e provar cada ano acharem-se colectados de contribuição por esse comércio especial;

2.ª – As importações a realizar pelas Alfândegas de Lisboa, Porto e Funchal são requeridas ao comandante-geral da Polícia de Segurança Pública, descrevendo-se os artigos a importar, com indicação da origem, nome e marca do fabricante, características e quantidades, devendo fazer-se referência aos números do alvará e do registo no Comando-Geral da Polícia de Segurança Pública;

3.ª – No mesmo requerimento não poderão juntar-se pedidos de importação de armas de classificação diversa, nem munições com armas;

4.ª – A alfândega que realizar o despacho guardará em seu poder a autorização de importação concedida pelo Comando-Geral da Polícia de Segurança Pública;

5.ª – Quando as importações hajam de realizar-se pelas Alfândegas de Angra do Heroísmo ou de Ponta Delgada, será a autorização requerida ao governador do distrito respectivo, que a poderá conceder mediante formalidades idênticas, fazendo comunicação dessas concessões ao Comando-Geral da Polícia de Segurança Pública;

6.ª – Quando o armamento ou munições a importar sejam dos tipos e modelos de que tratam a alínea *a)* do n.º 2 do artigo 1.º, ou o § único do artigo 2.º, ou ainda o artigo 3.º, os requerimentos somente poderão ser subscritos pelos armeiros de Lisboa ou do Porto munidos de licença especial para este fim, e serão acompanhados de nota da existência, em armazém, dos artigos da mesma espécie;

7.ª – Os requerimentos solicitando a importação de armas, munições, peças ou acessórios não abrangidos pelas isenções previstas no artigo 28.º, formulados por comerciantes habilitados ou por particulares devem preceder sempre as encomendas do material, que não serão passadas antes de obtido o despacho favorável do Comando-Geral da Polícia de Segurança Pública, ao qual compete verificar se as quantidades desejadas excedem o normal em relação ao movimento da casa nos últimos três anos, ou o razoável para uso próprio quando se trate de particulares;

8.ª – As autorizações para despacho de material importado somente serão concedidas depois de preenchidas as formalidades prescritas no artigo 27.º.

ARTIGO 13.º

Os agentes de fábricas estrangeiras de armamento ou munições poderão importar e conservar em seu poder mostruários de armas e de munições de experiência, dos tipos descritos no n.º 3 do artigo 1.º e no corpo do artigo 2.º, devendo para tal fim habilitar-se com licença anual a conceder pelo Comando-Geral da Polícia de Segurança Pública, onde deverá existir um registo de armamento e munições em poder destes agentes.

§ único – É vedado aos agentes de que trata este artigo efectuar a venda dos modelos de armas em seu poder, salvo quando a transacção tenha lugar com armeiro habilitado e com permissão do Comando-Geral da Polícia de Segurança Pública.

ARTIGO 14.º

Aos particulares é permitido importar armas de caça e de recreio quando para uso próprio e se encontrem munidos de licença para o seu uso e porte; e ainda importar uma arma de defesa, em condições idênticas, observando-se o disposto no artigo 12.º, na parte aplicável.

§ único – Também é permitida a importação de uma arma de defesa e de armas de caça e de recreio aos indivíduos que regressem das colónias ou do estrangeiro, trazendo consigo essas armas, bem como as respectivas munições, até ao limite de 50 cartuchos de defesa, 200 de caça e 500 de recreio, dispensando-se neste caso a apresentação de licença de uso e porte para efeito do seu levantamento na alfândega.

ARTIGO 15.º

As entidades directamente interessadas na importação de armas de fogo próprias para abater gado em matadouros, e do cartucho apropriado, e bem assim as que tiverem de fazer uso de sinalização luminosa em aeródromos, poderão requerer a sua importação ao Comando-Geral da Polícia de Segurança Pública nas quantidades indispensáveis.

(*) ARTIGO 16.º

O Comando-Geral da Polícia de Segurança Pública poderá autorizar a importação temporária ou definitiva de mostruários de armamento que se pretenda submeter à apreciação das entidades oficiais, com vista à sua aquisição para as forças policiais ou para outros serviços públicos não dependentes dos Ministérios da Guerra ou da Marinha, sempre que se trate de armamento não classificado como material de guerra.

§ 1.º – Igualmente poderá ser autorizada a importação temporária de armas destinadas a servirem em torneios ou caçadas ou de defesa de viajantes estrangeiros, desde que a requeiram os seus proprietários ou os organismos que promovem aquelas competições, indicando sumariamente as características das armas e o prazo da sua permanência no País.

§ 2.º – Quando as importações a efectuar nos termos do parágrafo anterior sejam feitas pelas Alfândegas do Funchal, Angra e Ponta Delgada, poderão os governadores dos distritos conceder esta autorização comunicando ao Comando-Geral da Polícia de Segurança Pública os números das armas e suas características, bem como o prazo de permanência concedido.

§ 3.º – As alfândegas competentes verificarão sempre se a reexportação teve lugar nos períodos designados na autorização, dando dela conhecimento imediato, bem como de qualquer falta, ao Comando-Geral da Polícia de Segurança Pública.

§ 4.º – Exceptuam-se, porém, do disposto nos parágrafos antecedentes os súbditos espanhóis munidos de licença de uso e porte de arma de caça válida em Espanha que provem estar filiados em sociedades desportivas de tiro de chumbo ou de caça erectas segundo as leis do seu país

---

(*) A redacção do art.º 16.º é resultante do D.L. n.º 43 696, de 17 de Maio de 1961, que introduziu os §§ 4.º a 7.º deste artigo.

e que venham a Portugal tomar parte em torneios ou caçadas a convite de autoridades oficiais ou de sociedades similares legalmente erectas em Portugal. Nestes casos ser-lhes-ão concedidas pelo chefe de qualquer dos postos fronteiriços da Polícia Internacional e de Defesa do Estado, gratuitamente e a título precário, autorizações especiais para a entrada das armas e munições de que pretendam fazer uso nos ditos torneios ou caçadas, as quais serão visadas e registadas nos respectivos serviços aduaneiros. Estas autorizações são válidas por dois meses e conterão a descrição sumária das características das armas e munições, não podendo a cada viajante ser concedida autorização para mais do que duas armas e 300 cartuchos do respectivo calibre, por arma.

As entidades concedentes, no próprio dia da emissão, participarão ao Comando-Geral da Polícia de Segurança Pública as autorizações que tenham concedido e, bem assim, na data oportuna, o regresso das armas e das munições sobrantes. Se o regresso tiver lugar por posto diferente do da entrada, idêntica participação deverá ser feita aos serviços policiais e aduaneiros do posto de entrada.

§ 5.º – Os títulos das autorizações valerão, sem mais formalidades e durante o prazo da sua validade, como licença de uso e porte das armas a que respeitarem.

§ 6.º – Os viajantes a quem tenham sido concedidas as autorizações a que se referem os §§ 4.º e 5.º não poderão regressar ao seu país sem as armas respectivas, e se findo o prazo de validade das autorizações não tiverem promovido o regresso dessas armas incorrem no delito fiscal de contrabando.

§ 7.º – O regime previsto nos parágrafos anteriores fica dependente de concessão idêntica em favor dos súbditos portugueses.

ARTIGO 17.º

À Federação Portuguesa de Tiro e agremiações federadas, Legião Portuguesa, Organização Nacional Mocidade

Portuguesa, Fundação Nacional para a Alegria no Trabalho e ainda aos mestres atiradores, é permitido importar directamente o armamento ou munições destinados a tiro de precisão ou outra modalidade desportiva, observando-se na concessão das autorizações as disposições aplicáveis do artigo 12.º.

§ 1.º – A importação destas armas ou munições poderá igualmente ser feita pelos armeiros de Lisboa e Porto, nos termos da condição 6.ª do artigo 12.º.

§ 2.º – O despacho do material referido neste artigo será sempre efectuado pelo Comando-Geral da Polícia de Segurança Pública.

ARTIGO 18.º

A importação de armas de valor estimativo poderá ser requerida ao abrigo do artigo 12.º quando se trate de armas de fogo em condições de poderem funcionar ou de armas brancas nas condições da parte final do artigo 6.º.

ARTIGO 19.º

A importação de armas de ornamentação não depende de autorização do Comando-Geral da Polícia de Segurança Pública, desde que sejam como tais classificadas pelo perito do mesmo Comando.

ARTIGO 20.º

A reimportação de armas permitidas nos termos deste regulamento, quando, devidamente manifestadas, tenham saído do País e na posse do seu proprietário, não depende de qualquer formalidade além da apresentação do seu livrete ou ficha de manifesto na alfândega competente.

§ 1.º – As armas manifestadas nas colónias e acompanhadas da ficha correspondente podem ser importadas no continente sem outras formalidades além da substituição dessa ficha pelo livrete correspondente ao seu registo.

§ 2.º – A importação de munições pertencentes ao armamento nas condições deste artigo só será permitida quando apresentada simultaneamente a licença de uso e porte de arma do seu portador.

ARTIGO 21.º

De harmonia com o disposto no § único do artigo 11.º do Decreto-Lei n.º 36 085, de 31 de Dezembro de 1946, continua da competência exclusiva dos Ministérios da Guerra ou da Marinha a faculdade de importação no território nacional de armas de guerra e respectivas munições, de explosivos com carácter ou de aplicação militar e ainda de material de guerra de qualquer natureza, como tal considerado pelas disposições do presente regulamento.

§ único – Mantêm-se em vigor as disposições do Decreto n.º 21834, de 5 de Novembro de 1932, no que respeita ao registo e fixação de modelos e características das armas e material de guerra de toda a natureza a adquirir para os serviços públicos ou para as corporações armadas dependentes dos diferentes Ministérios.

ARTIGO 22.º

A exportação e a reexportação de armamento ou munições dependem de autorização do Comando-Geral da Polícia de Segurança Pública, salvo o caso das reexportações nos termos do § 3.º do artigo 16.º, mediante prévia informação do Ministério das Colónias, sempre que os artigos se destinem às colónias portuguesas, observando-se as condições do artigo 12.º na parte aplicável.

ARTIGO 23.º

A alfândega que despachar armas ou munições com destino a comerciantes da especialidade ou a particulares, bem como trazidas por passageiros e não manifestadas, preencherá um mapa dessas importações, que será enviado ao Comando-Geral da Polícia de Seguranca Pública no prazo de quinze dias após a realização do despacho.

ARTIGO 24.º

Salvo o disposto no artigo 14.º e o caso das importações temporárias ao abrigo do artigo 16.º, as armas e munições trazidas por passageiros que se não destinem a permanecer no País, ou depositadas por qualquer motivo, ficam retidas nas estâncias alfandegárias, podendo ali permanecer durante o período de seis meses, findo o qual serão perdidas a favor do Estado, quando o seu proprietário as não retire depois de notificado para o fazer.

§ único – Para os efeitos deste artigo ficará na alfândega depositária indicação da residência do proprietário das armas.

ARTIGO 25.º

Todas as armas ou munições apresentadas a despacho que não correspondam aos tipos, modelos e calibres constantes da respectiva autorização de importação serão apreendidas e perdidas a favor do Estado, salvo quando o importador promova a sua reexportação imediata, interponha recurso da decisão do perito do Comando-Geral da Polícia de Segurança Pública, ou, sendo modelos permitidos, solicite rectificação da autorização.

§ único – O recurso a que se refere este artigo será interposto perante o Ministro do Interior.

ARTIGO 26.º

Nas alfândegas ou nos armazéns da Administração-Geral do Porto de Lisboa não podem ser abertos volumes importados que contenham armas ou munições sem que esteja presente o perito do Comando-Geral da Polícia de Segurança Pública, que para tal fim deve comparecer na repartição competente da alfândega sempre que seja necessário.

§ 1.º – Nas alfândegas do Funchal, Angra do Heroísmo e Ponta Delgada e suas delegações, o serviço pericial nos termos deste artigo será desempenhado por oficial do Exército designado pelo Comando Militar respectivo.

§ 2.º – Quando o armamento ou munições a importar venham consignados aos Ministérios da Guerra ou da Marinha, será a abertura dos respectivos volumes feita perante delegado dos serviços competentes daqueles Ministérios.

§ 3.º – O disposto neste artigo não se aplica às importações de armamento já manifestado de que trata o artigo 20.º.

ARTIGO 27.º

Feita a abertura dos volumes destinados ao comércio ou a uso particular e classificadas as armas ou munições que contenham, o perito do Comando-Geral da Polícia de Segurança Pública preencherá o boletim de classificações contendo todas as características do material, documento em presença do qual serão passadas as autorizações para despacho de importação, nos termos deste regulamento.

§ 1.° – Nos casos de importação pelas alfândegas de Angra do Heroísmo ou de Ponta Delgada, o boletim de classificações será remetido ao respectivo governador do distrito.

§ 2.º – Para o serviço pericial de que trata este artigo e o anterior serão pelo Comando-Geral da Polícia de Segurança Pública requisitados ao Ministério da Guerra dois oficiais de artilharia do quadro da reserva para o seu desempenho em Lisboa e Porto.

ARTIGO 28.º

É livre a importação de buchas e de chumbo, bem como a de outros artigos de caça não abrangidos nas tabelas anexas a este regulamento.

ARTIGO 29.º

Fica dispensada de quaisquer formalidades alfandegárias e de autorização de importação a entrada de armas de defesa e de caça de uso pessoal de diplomatas que façam parte de missões acreditadas em Lisboa.

SECÇÃO III
Comércio de armas e munições

ARTIGO 30.º

A venda das armas de fogo descritas na alínea *b)* do n.º 2 e no n.º 3 do artigo 1.º, no corpo do artigo 2.º e na alínea *a)* do artigo 4.º e das munições correspondentes é permitida em estabelecimentos habilitados a este género de comércio, mediante:

a) Alvará de licença concedida pelo governador civil nas capitais de distrito e pelo presidente da câmara nos respectivos concelhos, obtida prévia informação favorável do Comando-Geral da Polícia de Segurança Pública, em todos os casos;
b) Inscrição como importador-vendedor ou unicamente como vendedor no Comando-Geral da Polícia de Segurança Pública;
c) Caução de 20 000$, por meio de depósito na Caixa Geral de Depósitos, Crédito e Previdência, à ordem do Comando-Geral da Polícia de Segurança Pública, ou fiador idóneo.

§ 1.º – O pedido de alvará será instruído com o certificado do registo criminal de todos os sócios da firma impetrante, obtendo-se oficiosamente o do registo policial.

§ 2.º – O Comando-Geral da Polícia de Segurança Pública proporá ao Ministro do Interior, sempre que o julgue conveniente, a bem da segurança pública, o cancelamento de qualquer alvará de armeiro, ficando desde já interdita a concessão de novos alvarás para estabelecimentos que não tenham o comércio de armas como principal ramo de negócio e não estejam situados nas capitais dos distritos, salvo quando pretendam habilitar-se apenas à venda de armas de caça e suas munições.

§ 3.º – Quando o alvará não seja renovado no prazo legal o Comando-Geral da Polícia de Segurança Pública providenciará para que ao armamento e munições em depósito seja dado o destino que julgar mais conveniente.

ARTIGO 31.º

O estabelecimento comercial de venda de armas e munições fica obrigado a:

a) Renovar anualmente, no mês de Janeiro, o seu alvará de licença e a inscrição referida na alínea *b)* do artigo 30.°;

b) Efectuar todas as transacções com observância das normas estabelecidas neste regulamento;

c) Organizar e manter em dia, com a devida clareza, todos os registos determinados por este regulamento;

d) Organizar e remeter às entidades competentes, dentro dos prazos estabelecidos, todos os mapas exigidos;

e) Facultar aos serviços de fiscalização de explosivos e armamento o exame dos registos, a conferência das armas e munições em depósito e tudo o mais que seja necessário ao bom desempenho da sua missão.

§ 1.º – Os armeiros não poderão conservar em seu poder qualquer armamento ou munições não registados nos seus livros, salvo o caso de armas recebidas para conserto, as quais farão remeter rapidamente para as oficinas competentes, acompanhadas da respectiva ficha ou livrete.

§ 2.º – No caso de o estabelecimento não comportar toda a existência de armas e munições deverá ser solicitada ao Comando-Geral da Polícia de Segurança Pública autorização para a sua armazenagem em local não distante, devendo, porém, o alvará fazer referência à existência destes depósitos sempre que eles existam com carácter permanente.

§ 3.º – Quando a armazenagem se fizer longe do estabelecimento, o Comando-Geral da Polícia de Segurança Pública poderá exigir a montagem de escrita especial no armazém.

ARTIGO 32.º

Os registos dos armeiros obedecerão às normas seguintes: haverá um livro denominado «Registo de importações», onde serão descritas as armas importadas directamente pela firma, e outro denominado «Registo de compras», destinado à inscrição das adquiridas no País, a fabricantes, a particulares, ou a outros armeiros, descrevendo-se separadamente as diversas espécies de armamento – de defesa, de caça ou de recreio. Haverá ainda um livro com a designação de «Registo de vendas», onde serão descritas todas as armas vendidas, segundo a sua classificação, e outro para o registo das armas entradas ou saídas à consignação.

§ 1.º – A escrita poderá ser desdobrada em vários livros, para cada espécie de armas, quando o movimento o justifique.

§ 2.º – Todos os livros de que trata este artigo serão vendidos na Imprensa Nacional, com numeração impressa, e serão rubricados pela autoridade que concede os alvarás.

ARTIGO 33.º

Todas as vendas de armas serão efectuadas contra a apresentação de autorização ou licença para o seu uso e porte, ou do cartão de identidade do comprador, quando dispensado por lei de possuir aqueles documentos, tornando-se ainda necessário, sempre que se trate de armas de defesa, a apresentação de autorização de compra, que ficará na posse do vendedor.

§ 1.º – A venda de armamento e munições de calibres superiores aos designados no n.º 3 do artigo 1.º, no § único do artigo 2.º, no artigo 3.º ou na alínea *b)* do artigo 4.º, somente poderá ter lugar nos armeiros de Lisboa e Porto, ficando sujeita aos seguintes preceitos:

a) Cada estabelecimento não poderá manter em depósito maior número de armas novas do que o fixado na respectiva licença, e estas não serão expostas à venda, arrecadando-se em vitrina ou armário interior apropriados, fechados a cadeado ou com fechadura de segurança, devendo recolher ao cofre forte quando encerrado o estabelecimento;

b) A autorização para a compra destas armas é passada, em modelo especial, exclusivamente pelo Comando-Geral da Polícia de Segurança Pública;

c) A venda de munições será feita igualmente em presença de autorização do Comando-Geral, que indicará as quantidades permitidas para cada caso;

d) Os armeiros autorizados a transaccionar estes modelos de armas e munições possuirão escrita própria para esta modalidade, independentemente dos demais registos.

§ 2.º A venda de munições para armas de defesa com as características previstas no n.° 3, do artigo 1.° poderá ser feita por qualquer armeiro, contanto que:

a) O vendedor verifique sempre, pelos averbamentos no verso da licença ou autorização, se o calibre da arma averbada corresponde à munição desejada, não efectuando a transacção quando haja divergência ou quando os portadores de revólver pretendam cartuchos de pistola e vice-versa;

b) Não faça venda alguma de munições quando a licença ou autorização não tenha averbadas as características de qualquer arma, devendo as entidades isentas de possuir cartão, nos termos deste regulamento, apresentar no acto da compra, além do documento que as identifique, o livrete de manifesto ou ficha dessa arma;

c) Não sejam vendidas a cada portador de licença ou autorização mais de vinte e cinco cartuchos;

d) O vendedor envie mensalmente ao Comando-Geral da Polícia de Segurança Pública, até ao dia 5 do mês seguinte àquele a que diz respeito, o mapa mensal do movimento de munições de defesa, o qual deve ser organizado em duplicado, ficando um dos exemplares no estabelecimento do armeiro.

§ 3.º – A venda de pólvoras de caça e de cartuchos vazios não depende de habilitação como armeiro, mas somente da exigida para estanqueiros.

§ 4.º – O Comando-Geral da Polícia de Segurança Pública designará quais os armeiros de Lisboa e Porto que poderão beneficiar do disposto no § 1.°, tendo em vista a segurança das suas instalações e outros requisitos, considerando-se desde já excluídos os armeiros-penhoristas.

(*) ARTIGO 34.°

Os comerciantes habilitados ao exercício do comércio de armas e munições que deixem de dar cumprimento a qualquer dos preceitos a que estiverem obrigados por este regulamento incorrem na multa de 500$ a 5000$. Em caso de reincidência pode a autoridade determinar o encerramento temporário ou definitivo do estabeletimento, cabendo de tal determinação recurso para o Ministro do Interior no prazo de dez dias da intimação do encerramento. A interposição do recurso não tem, porém, efeito suspensivo em relação à ordem de encerramento.

ARTIGO 35.º

É permitido aos armeiros transaccionarem entre si os artigos de armamento ou munições de que tratam o n.° 3 do artigo 1.°, o corpo do artigo 2.º e o artigo 4.° deste regulamento, contanto que o vendedor e o comprador averbem em todos os seus registos e mapas os movimentos respectivos de saída e entrada.

ARTIGO 36.°

Tanto a importação como o comércio clandestino de armamento ou munições são puníveis nos termos do

---

(*) Nos termos do n.º 1 do art.º 7.º do D.L. n.º 399/93, de 3/12, os montantes mínimo e máximo da multa prevista neste artigo, são elevados ao triplo, constituindo coima a aplicar pelo Comando Geral da P.S.P.

artigo 169.° do Código Penal, alterado pelo Decreto-Lei n.° 35 015, de 15 de Outubro de 1945.

§ único. Quaisquer transacções de armamento não registado, ou a sua simples detenção, são igualmente puníveis nos termos deste artigo.

(*) ARTIGO 37.º

A cada portador de licença ou autorização de uso e porte de arma de defesa não é permitida a compra de mais de cem cartuchos por ano para a arma averbada nessa licença ou autorização, salvo concessão especial requerida ao Comando-Geral da Polícia de Seguranca Pública.

§ único. Os transgressores do disposto neste artigo serão punidos com a multa de 200$.

CAPÍTULO III

SECÇÃO I

Manifesto de armas

ARTIGO 38.º

Salvo o que especialmente respeita a armas e munições de qualquer natureza utilizadas pelas forças de terra e mar colocadas na jurisdição dos Ministérios da Guerra ou da Marinha, pelas forças militares ou militarizadas dependentes de outros Ministérios e ainda pela Legião Portuguesa e Organização Nacional Mocidade Portuguesa, compete exclusivamente ao Comando-Geral da Polícia de Segurança Pública, pela sua secção de armas e explosivos, a organização e manutenção do cadastro e fiscalização de armamento e munições já existentes ou que venham

(*) Nos termos do n.º 2 do art.º 7.º do D.L. n.º 399/93, de 3/12, a multa prevista neste artigo passa a constituir coima cujos limites mínimo e máximo são, respectivamente, de 5000$ e 15000$.

a ser importados ou fabricados no País ou nos distritos autónomos, os quais serão ali registados.

§ 1.° – O registo de que trata este artigo prova-se pela apresentação do livrete de manifesto, que será entregue aos proprietários das armas.

§ 2.º – O preenchimento dos livretes é feito mediante elementos extraídos dos mapas de importação das armas, enviados pela alfândega que realizar o despacho, ou por transcrição do certificado-ficha, quanto ao armamento já anteriormente manifestado.

§ 3.º – O registo do armamento que venha a ser fabricado em Portugal na vigência deste regulamento será feito segundo dados fornecidos pelos fabricantes habilitados a essa indústria ou pelos comerciantes de armas quando os primeiros não efectuem vendas ao público.

§ 4.º – As armas importadas por armeiros serão averbadas em nome da respectiva firma, e, quando transferidas para outro estabelecimento da especialidade, sofrerão os livretes tantos averbamentos quantas as transferências.

§ 5.º – Quando efectuada a venda de armas novas ou usadas em armeiro, este entregará ao comprador, com a arma, um duplicado da factura de venda, remetendo esta com o respectivo livrete para averbamento ao Comando-Geral da Polícia de Segurança Pública, que lho devolverá para entrega ao interessado no prazo de trinta dias.

§ 6.º – Quando as armas sejam transaccionadas entre particulares, o livrete será entregue aos interessados por intermédio das entidades de que trata o § 1.° do artigo 42.º, às quais incumbe promover junto do Comando-Geral da Polícia de Segurança Pública os necessários averbamentos.

§ 7.º – As armas que se inutilizem por completo serão entregues com o competente livrete no Comando-Geral da Polícia de Segurança Pública ou no comando distrital respectivo, anulando-se o livrete.

§ 8.° – No caso de extravio ou roubo de armas, o livrete deverá ser entregue ao Comando-Geral da Polícia de Segurança Pública, onde ficará arquivado em termos de, quando de novo apresentada a mesma arma a manifesto, se poder verificar que existe duplicação, promovendo-se nesse caso o regresso da arma à posse do seu proprietário, além de outros procedimentos a que haja lugar.

§ 9.° – No caso de extravio de livretes, estes podem ser substituídos depois de organizado processo justificativo.

§ 10.° – O armeiro que comprar armas usadas pode requerer o cancelamento dos movimentos anteriores à compra, mantendo-se, porém, o novo livrete com o mesmo número.

§ 11.° – Todas as armas que não possuam características distintas serão numeradas e marcadas no cano por forma indelével com o número indicado pela autoridade competente e as iniciais do seu proprietário.

ARTIGO 39.º

Em casos excepcionais poderá o Ministro do Interior autorizar o manifesto gratuito de qualquer arma de fogo, quando requerido pelo seu detentor com justificação suficiente.

ARTIGO 40.º

O armamento adquirido por serviços públicos não dependentes dos Ministérios da Guerra ou da Marinha para uso do seu pessoal será registado nos termos do artigo 38.° sempre que as armas possuam características conforme as alíneas *a)* e *b)* do n.° 2, do artigo 1.°.

§ único – Todas as armas e o material de guerra como tal considerado nos termos do presente regulamento serão registados no organismo competente dos Ministérios da Guerra ou da Marinha, de harmonia com o Decreto n.° 21 834, de 5 de Novembro de 1932, e demais legislação aplicável.

(1) ARTIGO 41.°

O manifesto de armas não registadas no prazo concedido no artigo 80.° envolve o pagamento das multas seguintes e respectivos adicionais:

Por cada arma:
De caça, de um cano, automática 400$
De caça, de dois canos, sem cães 500$
De caça, de dois canos, com cães 350$
De caça, de um cano simples 300$
De defesa 300$
De precisão 300$
De recreio 300$
Não abrangida nas classificações supra 300$

SECÇÃO II

Detenção e cedência de armas

(2) ARTIGO 42.º

Aos detentores de armamento devidamente legalizado é permitida a troca, venda ou cedência, a qualquer título, desse armamento e munições correspondentes a pessoas a quem a lei permita o seu uso e porte ou a simples detenção, conforme os casos.

§ 1.° – Nenhuma cedência de armas efectuada nos termos deste artigo terá valor sem que o vendedor ou doador requeira a competente autorização à entidade que concede as licenças de uso e porte dessas armas na área da sua residência, a qual promoverá a transferência do livrete da arma para o nome do novo possuidor, remetendo o processo ao Comando-Geral da Polícia de Scgurança Pública.

---

(1) (2) Nos termos do n.º 2 do art.º 7.º do D.L. n.º 399/93, de 3/12, a multa prevista neste artigo passa a constituir coima cujos limites mínimo e máximo são, respectivamente, de 5000$ e 15000$.

§ 2.º – São dispensadas as formalidades de que trata o parágrafo anterior nas transacções efectuadas com armeiros, cabendo a estes promover as alterações dos livretes junto do Comando-Geral da Polícia de Segurança Pública.

§ 3.º – As transacções efectuadas com inobservância das normas deste artigo importam para o comprador a perda da arma ou armas nos casos de venda, troca ou doação; e para o vendedor a multa de 500$, no caso de se tratar de armas permitidas, ou procedimento nos termos do § único do artigo 169.° do Código Penal, sendo armas proibidas.

ARTIGO 43.º

É permitido o averbamento de armas em nome de menores, desde que esse averbamento seja requerido pelos pais ou tutores e os referidos menores se encontrem em condições legais de usá-las e munidos de licenças para tal fim.

§ único – A presença do pai ou tutor é sempre indispensável para efectivação de quaisquer aquisições ou transferências de armamento pertencente a menores.

ARTIGO 44.º

Podem ser manifestadas armas de defesa, ou armas de caça utilizáveis na defesa de propriedades, em nome de estabelecimentos, fábricas ou instituições particulares que as adquiram para uso do seu pessoal.

ARTIGO 45.º

Por cada transferência de propriedade se lançará no livrete respectivo o averbamento do nome, idade, estado, profissão, residência e naturalidade do novo possuidor, e bem assim o motivo da transferência – compra, doação, herança ou troca – e ainda a data em que foi feita a transição da propriedade.

§ 1.° – Quando seja necessário, o livrete de manifesto terá folhas adicionais devidamente rubricadas e numeradas, indicando-se sempre no rosto o número de folhas existentes.

§ 2.º – O Comando-Geral da Polícia de Segurança Pública devolverá, autenticados, todos os livretes de manifesto apresentados para alterações dentro de quinze dias após a sua recepção; e, dentro de trinta dias após a recepção dos mapas da alfândega, fará expedir para os comerciantes importadores os livretes passados nos termos do § 1.° do artigo 42.º.

§ 3.° – Os lançamentos referentes a armamento usado podem ser feitos na secretaria onde se efectuou o registo da transacção, mas os livretes serão sempre autenticados pelo Comando-Geral da Polícia de Segurança Pública.

(*) ARTIGO 46.°

É permitida a detenção no domicílio, independentemente de licença para o seu uso e porte, quando devidamente manifestadas, das armas dos seguintes modelos:

Armas de caça de cano liso;

Armas de recreio de cano liso até 9 mm ou estriado até 6 mm;

Armas de defesa (não mais de uma), de calibre não superior a 6,35 mm, sendo pistola automática e 7,65 mm, sendo revólver;

Armas de precisão ou outras nas condições do artigo 6.°.

§ 1.° – Os possuidores de armamento nas condições deste artigo, quando não habilitados com licença de uso e

---

(*) Nos termos do n.º 1 do art.º 7.º do D.L. n.º 399/93, de 3/12, os montantes mínimo e máximo da multa prevista neste artigo são elevados ao triplo, constituindo coima a aplicar pelo Comando-Geral da P.S.P.

porte, devem munir-se de autorização para detenção, passada por uma só vez, nos termos seguintes:

Para armas de cano liso, de recreio ou de caça: pelos comandos ou secções da Polícia de Segurança Pública, segundo os casos;

Para armas de cano estriado, de defesa ou de recreio: pelos comandos distritais da Polícia de Segurança Pública;

Para armas de precisão ou outro armamento nas condições do artigo 6.°: pelo Comando-Geral da Polícia de Segurança Pública.

§ 2.º – As armas de ornamentação podem ser conservadas sem dependência de autorização ou manifesto, desde que as suas características e estado de conservação sejam os previstos no artigo 5.º.

§ 3.º – O armamemo detido nos domicílios nas condições deste artigo não pode sair dali, salvo mudança de residência, e neste caso será transportado em estojo ou caixa própria.

§ 4.º – Os transgressores da matéria deste artigo serão punidos com a multa de 100$ a 1000$, salvo quando lhes seja aplicável o disposto no § único do artigo 169.° do Código Penal.

CAPÍTULO IV

SECÇÃO I

Autorizações e licenças de uso e porte de armas de defesa

ARTIGO 47.º

São autorizados a detenção, uso e porte de armas de fogo ou armamento de qualquer natureza independentemente de registo às entidades designadas no n.° 1 do artigo 1.° deste diploma.

§ único – O manifesto e registo de artigos de armamento nos termos deste artigo são facultativos enquanto os seus detentores se encontrem nas situações ali previstas, tornando-se obrigatório, porém, logo que cesse o exercício dos cargos ou essas situações se modifiquem. O armamento nestas condições pode ser conservado, quando manifestado; mas a sua alienação obedecerá às normas gerais fixadas neste regulamento para cada espécie de armamento.

ARTIGO 48.º

São autorizados à detenção, uso e porte de armas nos termos do n.° 2 do artigo 1.° – quando devidamente manifestadas e munidos os seus detentores da competente autorização de uso e porte concedida pelo Comando-Geral da Polícia de Segurança Pública – os funcionários e entidades ali designados ou quaisquer outros cuja inclusão seja autorizada pelo Ministro do Interior, quando solicitada pelo Ministro de que dependam.

§ 1.° – Os funcionários e entidades que deixarem de exercer os cargos abrangidos neste artigo devolverão ao Comando-Geral da Polícia de Segurança Pública os cartões respectivos, podendo, contudo, conservar em seu poder as armas e munições que possuam, sem que, porém lhes seja permitido o seu uso e porte, salvo o caso de aquisição de licença ou autorização; ou poderão vendê-las a armeiros, a outros funcionários ou a particulares devidamente autorizados ao seu uso e porte, desde que sejam cumpridas as condições legais para transacções.

§ 2.º – As disposições que autorizem o uso e porte de armas a quaisquer entidades só terão valor quando confirmadas por despacho do Ministro do Interior publicado no *Diário do Governo*.

§ 3.º – Para efeito de aquisição de armas de defesa em armeiros, devem os funcionários e entidades de que trata o n.° 2 do artigo 1.° munir-se de autorização de compra passada pelo Comando-Geral da Polícia de Segurança Pública, documento que ficará no estabelecimento a justificar a saída das armas.

§ 4.º – Os oficiais do Exército ou da Armada abrangidos por este artigo são dispensados de possuir a autorização de uso e porte de armas ali referida.

§ 5.º – As autorizações de que trata este artigo são renováveis, obrigatoriamente, de cinco em cinco anos, salvo quando os interessados usem arma pertencente ao Estado.

ARTIGO 49.º

O exercício eventual de quaisquer funções públicas, em regime de substituição ou interinidade, confere direito à isenção de licença de uso e porte de armas, quando os cargos desempenhados estejam abrangidos por essa isenção.

ARTIGO 50º

Os representantes diplomáticos acreditados em Portugal são autorizados ao uso e porte de armas portáteis que possuírem, devendo, porém, munir-se do cartão de que trata o artigo 48.°, documento que será solicitado por intermédio do Ministério dos Negócios Estrangeiros.

ARTIGO 51.º

Os estabelecimentos prisionais e outros serviços publicos onde se torne indispensável a existência de armas automáticas de qualquer modelo poderão adquirir, conservar e distribuir ao seu pessoal essas armas, contanto que seja cumprido o disposto neste regulamento quanto à sua importação e registo, nos termos do Decreto n.° 21 834, e os seus portadores estejam munidos do cartão apropriado concedido pelo Comando-Geral da Polícia de Segurança Pública.

§ único – Aos guardas florestais, campestres e de caça e outros de propriedades rurais só é permitido o uso de espingarda de caça quando carregada com bala, devendo em regra fazer uso de carabinas estriadas no exercício das suas funções.

ARTIGO 52.º

É o Comando-Geral da Polícia de Segurança Pública a única entidade competente para conceder autorizações de compra de armas e munições a todos os abrangidos por isenção de licença nos termos deste regulamento.

ARTIGO 53.º

Poderá ser concedida licença administrativa para uso e porte de uma arma de defesa, com as características definidas no n.° 3 do artigo 1.°, aos indivíduos maiores de 21 anos, ou emancipados maiores de 18, que, tendo a necessária capacidade moral, mostrem carecer dessas licenças pelas condições especiais da sua profissão ou do exercício da sua actividade. Estas licenças serão sempre concedidas individualmente, sem prejuízo do disposto no artigo 44.º.

§ 1.º – A concessão de licenças para uso e porte de armas de defesa é da competência dos comandos da Polícia de Segurança Pública em cada distrito, competindo-lhes também tudo quanto diga respeito a vendas, trocas ou cedência, a qualquer título, de armas de defesa entre particulares, salvo os averbamentos de propriedade, que são da competência do Comando-Geral, sem prejuízo do disposto no § 3.º do artigo 45.º.

§ 2.º – A documentação para concessão destas licenças será enviada aos comandos pela câmara do concelho onde residam os impetrantes, excepto no caso de residirem na sede do distrito ou na dos comandos de secção da Polícia de Segurança Pública, igual procedimento devendo seguir-se quando se trate de vendas ou trocas e outras operações referidas no § 1.º.

§ 3.º – As licenças de que trata este artigo são passadas em cartões do modelo anexo a este regulamento, fornecidos pelo Comando-Geral da Polícia de Segurança Pública ao preço unitário de 2$50.

§ 4.º – A validade máxima das licenças de uso e porte de armas de defesa será de cinco anos e termina sempre no dia 31 de Dezembro; a das licenças semestrais finda em 30 de Junho ou 31 de Dezembro. O Comando-Geral da Polícia de Segurança Pública poderá, porém, por motivo justificado, cassar essas licenças em qualquer ocasião.

ARTIGO 54.º

Os processos referentes a concessão de licenças de uso e porte de armas de defesa ficarão arquivados nas secretarias distritais onde aquelas são concedidas.

ARTIGO 55.º

Os impetrantes de licença para uso e porte de arma de defesa apresentarão na secretaria da Câmara Municipal do concelho onde residam, ou directamente no comando da polícia ou secção policial quando tenham domicílio na sede do distrito ou de comando de secção, os seguintes documentos:

a) Requerimento em que mencionem estado, idade, profissão, naturalidade e domicílio, indicando ainda concretamente os motivos porque carecem de ser portadores de arma de defesa;
b) Certificado do registo criminal (dispensado nas renovações);
c) Atestado de residência;
d) Bilhete de identidade;
e) Duas fotografias.

§ 1.º – Poderá ser dispensado o bilhete de identidade aos estrangeiros que possuam cédula pessoal ou comprovem a sua idoneidade por documento emanado do consulado respectivo.

§ 2.º – A licença pode ser negada com fundamento no que conste do certificado do registo criminal ou do certificado do registo policial, obtido oficiosamente, ou ainda por motivos que, embora não estando ali consignados, sejam do conhecimento do comando que tem de despachar.

§ 3.º – No caso de indeferimento da pretensão poderão os requerentes recorrer para o Comando-Geral da Polícia de Segurança Pública, apresentando o requerimento de recurso à autoridade de cujo despacho recorrem, a qual, juntando-lhe o processo, enviará tudo no prazo de quarenta e oito horas ao Comando-Geral.

(*) ARTIGO 56.º

Os impetrantes que requeiram licença sem possuir ainda arma de defesa solicitarão a concessão de autorização para a sua compra, que lhes será passada simultaneamente com a licença, e sem a qual não poderão efectuar a aquisição da arma.

§ 1.º – Os concessionários de licenças nas condições deste artigo devem apresentar-se no prazo de sessenta dias à autoridade que lhas concedeu, para lhes ser feito o averbamento das características da arma adquirida ou prorrogado o prazo de validade da autorização de compra até ao máximo de cento e vinte dias. Na mesma licença averbar-se-ão ainda os números do livrete ou da ficha do manifesto.

§ 2.º – Aqueles que deixarem de cumprir o determinado no parágrafo anterior ficam sujeitos à multa de 200$ e à anulação da licença, que será apreendida, bem como a autorização de compra, se não tiver sido utilizada.

§ 3.º – As disposições deste artigo aplicam-se aos abrangidos pelo artigo 48.°.

SECÇÃO II

Licenças para uso e porte de armas de caça

ARTIGO 57.º

As licenças para uso e porte de armas de caça são concedidas pelas Câmaras Municipais dos concelhos onde residam os impetrantes, salvo o disposto no § 1.° do artigo

(*) Nos termos do n.º 1 do art.º 7.º do D.L. n.º 399/93, de 3/12, os montantes mínimo e máximo da multa prevista neste artigo, são elevados ao triplo, constituindo coima a aplicar pelo Comando-Geral da P.S.P.

80.º do Código Administrativo e o caso especial das cidades de Lisboa e do Porto, onde a sua concessão compete aos comandos da polícia respectiva, devendo os interessados apresentar para tal fim os seguintes documentos na secretaria competente:

a) Requerimento;
b) Certificado do registo criminal;
c) Bilhete de identidade ou documento equivalente, nos termos do § 1.º do artigo 55.º.

§ 1.º – O certificado do registo criminal será dispensado sempre que o requerente junte ao requerimento a licença anterior concedida pela mesma entidade e não haja motivo especial para a exigência da sua apresentação.

§ 2.º – Os impetrantes destas licenças devem ser maiores de vinte e um anos ou emancipados, podendo ainda beneficiar da concessão os maiores de catorze anos quando os respectivos requerimentos sejam subscritos pelos seus pais ou tutores.

ARTIGO 58.º

As licenças de uso e porte de armas de caça são válidas em todo o País pelo prazo máximo de cinco anos, a começar em 1 de Janeiro do ano corrente quando da concessão, mas podem ser cassadas em qualquer ocasião, por motivo justificado, por ordem do Comando-Geral da Polícia de Segurança Pública.

§ 1.º – Estas licenças habilitam o portador ao uso e porte de qualquer arma de caça, devidamente manifestada, sempre que seja autorizado pelo seu proprietário quando a arma lhe não pertença, autorização esta que acompanhará o livrete ou ficha, averbando-se, porém, em cada licença somente as características das que sejam propriedade do concessionário.

§ 2.º – Estas licenças são passadas em cartões do modelo anexo a este regulamento, que o Comando-Geral da Polícia de Segurança Pública fornecerá às secretarias competentes, mediante requisição, ao preco unitário de 2$50.

(*) ARTIGO 59.º

A licença de uso e porte e o livrete ou ficha de manifesto devem acompanhar as armas sempre que o concessionário se encontre no exercício da caça.

§ 1.º – As armas de caça podem ser transportadas, desarmadas e acondicionadas na sua embalagem própria, acompanhadas apenas do livrete ou ficha, sempre que sejam removidas em circunstâncias alheias ao exercício da caça.

§ 2.º – Os transgressores da matéria deste artigo serão punidos com multa de 100$ a 1000$.

ARTIGO 60.º

Os guardas de propriedades rurais poderão utilizar na defesa dessas propriedades as armas de caça dos seus patrões desde que estes possuam licença ou autorização para o seu uso e porte.

§ 1.º – Os guardas que sejam portadores de armas nos termos deste artigo estarão munidos de autorização passada pela entidade que concedeu a licença, documento do qual constarão, além do número desta, o período de tempo a que se refere, o nome do proprietário e o dos guardas.

§ 2.º – O proprietário é sempre responsável pelos actos dos seus guardas como abonador da sua idoneidade.

§ 3.º – A estes guardas é aplicável o disposto no § único do artigo 51.º quanto às munições a utilizar.

§ 4.º – No caso de as propriedades pertencerem a funcionários isentos de licença, as autorizações de que trata o § 2.º serão passadas pelo proprietário e visadas pela autoridade policial do concelho.

(*) Nos termos do n.º 1 do art. 7.º do D. L. n.º 399/93, de 3/12, os montantes mínimo e máximo da multa prevista neste artigo, são elevados ao triplo, constituindo coima a aplicar pelo Comando-Geral da P.S.P.

ARTIGO 61.°

São permitidas, mediante licença a passar pelos comandos de polícia ou pelas câmaras municipais, conforme o disposto no § 1.º do artigo 80.º do Código Administrativo, as armadilhas ou ratoeiras de fogo, usadas vulgarmente na defesa de propriedades rústicas, contanto que os seus proprietários afixem, de forma bem visível, letreiro indicativo da sua existência, e assinem, na secretaria competente, termo de responsabilidade pelas consequências que possam resultar do funcionamento desses engenhos para pessoas desprevenidas ou ignorantes, quando colocados em propriedades não vedadas suficientemente com muros ou sebes altas.

SECÇÃO III

Autorizações ou licenças de uso e porte de armas de precisão e de recreio

ARTIGO 62.º

É permitido aos portadores de licença especial concedida pelo Comando-Geral da Polícia de Segurança Pública o uso e porte das armas a seguir mencionadas:

a) Mestres atiradores:
Pistolas, revólveres, espingardas ou carabinas de precisão de qualquer calibre e respectivas munições;

b) Sócios de agremiação de tiro, filiados da Legião Portuguesa, da Organização Nacional Mocidade Portuguesa, alunos das escolas, colégios e institutos militares:
Pistolas, revólveres ou carabinas de precisão de calibre não superior a 6 mm e respectivas munições.

§ único – Estas licenças são requeridas ao Comando-Geral da Polícia de Segurança Pública, por intermédio da agremiação de que faz parte o interessado e têm a validade máxima de cinco anos, que termina sempre no último dia do ano, qualquer que seja a data da concessão.

(*) ARTIGO 63.º

É permitido, nos termos deste artigo e seus parágrafos, o uso e porte de carabinas de percussão central ou circular, de alma estriada até 6 mm ou de alma lisa até 9 mm, mediante licença cujo prazo máximo é de cinco anos e terminará sempre em 31 de Dezembro.

§ 1.º – As armas de cano estriado de que trata este artigo e o anterior podem ser conservadas e usadas nos locais próprios para tiro ao alvo ou nas residências dos seus detentores, contanto que esse uso se faça em termos de não causar dano a terceiros, podendo ser transportadas livremente desde que desarmadas e acondicionadas em estojo ou caixa própria.

§ 2.º – As carabinas de pressão de ar classificadas como armas de recreio podem ser usadas e transportadas nas condições daquelas de que trata o parágrafo anterior.

§ 3.º – As carabinas de cano liso até 9 mm podem ser usadas nas dependências ou logradouros das residências dos seus detentores, ou ainda na caça, devendo nesta hipótese o seu portador munir-se de licença para caçar.

§ 4.º – As armas de que trata este artigo podem ser usadas na defesa de propriedades ou residências nas condições em que tal uso é permitido para armamento de caça.

§ 5.º – As licenças de que trata este artigo são concedidas pelos comandos distritais da Polícia de Segurança Pública quando se trate de armas de cano estriado, ou pela câmara do concelho quando sejam armas de cano liso, salvo o disposto no § 1.° do artigo 80.° do Código Administrativo.

§ 6.º – Quando os concessionários de licenças não possuam armas serão estas adquiridas mediante apresentação dessas licenças, além da autorização de compra, sempre que se trate de armas de cano estriado.

(*) Nos termos do n.º 2 do art.º 7.º do D.L. n.º 399/93, de 3/12, a multa prevista neste artigo passa a constituir coima cujos limites mínimo e máximo são, respectivamente, de 5000$ e 15000$.

§ 7.º – Os detentores das armas referidas neste artigo encontrados sem licença para o seu uso e porte ficam sujeitos à multa de 500$, sendo armas de cano estriado, ou de 200$, sendo de cano liso, ou ainda à apreensão das armas quando reincidentes.

ARTIGO 64.º

As licenças a que se refere o artigo anterior são concedidas mediante requerimento dos interessados ou dos pais ou tutores quando aqueles sejam menores de 21 anos e maiores de 18, acompanhado do livrete de manifesto da arma, quando a possuam.

§ 1.º – As licenças para uso e porte de carabinas de cano liso também podem ser concedidas aos maiores de 14 anos, a requerimento dos pais ou tutores.

§ 2.º – As licenças de que trata este artigo e o anterior são passadas nos impressos dos modelos anexos a este regulamento, fornecidos pelo Comando-Geral da Polícia de Segurança Pública às entidades a quem compete a sua concessão, ao preço unitário de 2$50.

§ 3.º É facultativa a exigência do certificado do registo criminal dos impetrantes quando se trate de armas de cano estriado aperfeiçoadas, podendo ser negada licença com fundamento no que conste daquele documento ou no certificado do registo policial, ou ainda em informações obtidas por qualquer outro meio pela autoridade competente.

CAPÍTULO V
Disposições gerais

(*) ARTIGO 65.º

Os indivíduos autorizados ao uso e porte de armas que delas usarem fora das condições estabelecidas neste regu-

(*) Nos termos do n.º 1 do art.º 7.º do D.L. n.º 399/93, de 3/12, os montantes mínimo e máximo da multa prevista neste artigo, são elevados ao triplo, constituindo coima a aplicar pelo Comando-Geral da P.S.P.

lamento estão sujeitos às seguintes penalidades, sem prejuízo do determinado quanto à apreensão de licenças ou autorizações:

Armas de defesa ou de precisão: multas de 200$ a 1000$;
Armas de caça ou de recreio: multa de 100$ a 500$.

(*) ARTIGO 66.º

O uso e porte de armas sem licença ou autorização fica sujeito às seguintes penalidades:

Armas permitidas:
Conforme as suas características e situação do seu portador – multa de 200$ a 1000$.

Armas proibidas:
Pena do § único do artigo 169.º do Código Penal, alterado pelo Decreto n.º 35 015, de 15 de Outubro de 1945.

ARTIGO 67.º

É permitido aos herdeiros de detentores de armas fazer registar em seu nome as que lhes tenham cabido por herança e estejam devidamente manifestadas, comprovando perante a autoridade policial do concelho a legítima posse dessas armas, cabendo à secretaria fazer as devidas comunicações ao Comando-Geral da Polícia de Segurança Pública para averbamento dos nomes dos novos proprietários no livrete de manifesto.

ARTIGO 68.º

As licenças ou autorizações para uso e porte de armas serão apreendidas e anuladas sempre que o seu portador tenha conduta que tal aconselhe, considerando-se motivo suficiente para este procedimento a prática de exercícios de tiro em locais não apropriados ou disparos de armas de defesa por motivo fútil. A apreensão das licenças ou autorizações implica a apreensão das armas.

(*) V. nota ao artigo 65.º.

§ 1.º – Quando for cassada qualquer autorização ou licença poderá o concessionário recorrer para o Comando-Geral da Polícia de Segurança Pública em termos idênticos aos estabelecidos para os impetrantes de licenças a quem tenham sido indeferidas as pretensões.

§ 2.º – A autoridade que apreender autorizações ou licenças com fundamento no disposto neste artigo comunicará imediatamente o facto à entidade que as concedeu.

(1) ARTIGO 69.º

Os concessionários de licenças ou autorizações para uso e porte de armas devem fazer-se acompanhar dessas licenças ou autorizações quando sejam portadores das armas, sob pena de multa de 50$ a 200$, segundo a espécie de armamento de que se tratar, considerando-se de maior gravidade as transgressões que digam respeito a armas de defesa.

(2) ARTIGO 70.º

Os detentores de armamento permitido por este regulamento deverão participar no prazo de quarenta e oito horas à autoridade policial mais próxima sempre que sofram perda ou extravio das suas armas, sob pena, não o fazendo, de lhes ser imposta a multa de 200$.

(2) ARTIGO 71.º

Não é permitido o empréstimo de armas de defesa, ainda mesmo a portadores de autorizações ou licenças.

§ único – Os transgressores do disposto neste artigo serão punidos com a multa de 500$.

---

(1) Nos termos do n.º1 do art.º 7.º do D.L. n.º 399/93, de 3/12, os montantes mínimo e máximo da multa prevista neste artigo, são elevados ao triplo, constituindo coima a aplicar pelo Comando-Geral da P.S.P.

(2) Nos termos do n.º 2 do art.º 7.º do D.L. n.º 399/93, de 3/12, a multa prevista neste artigo passa a constituir coima cujos limites mínimo e máximo são, respectivamente, de 5000$ e 15000$.

ARTIGO 72.º

Os estabelecimentos de armeiros poderão possuir oficinas anexas ou dependentes para reparação de armas, nas quais não é permitido receber armamento não manifestado. Às oficinas não dependentes de estabelecimento de armeiro é defeso proceder à reparação de armamento ou recebê-lo para esse fim.

§ 1.º – Todo o armamento encontrado para reparação desacompanhado do competente livrete ou ficha de manifesto será apreendido, só podendo voltar à posse dos seus proprietários contra a apresentação daqueles documentos.

§ 2.º – Os transgressores da matéria deste artigo consideram-se abrangidos pelas disposições do § único do artigo 169.° do Código Penal, alterado pelo Decreto n.° 35015, de 15 de Outubro de 1945.

ARTIGO 73.º

O funcionário ou agente que fizer a fiscalização dos estabelecimentos de armeiro, de harmonia com o Decreto n.° 36 085, rubricará os livros e mapas respectivos por forma legível, com a indicação do seu cargo e data da diligência, e bem assim das existências verificadas em cada espécie de artigos, fazendo estes lançamentos em seguida aos últimos que esses livros ou mapas contiverem.

(*) ARTIGO 74.º

A imposição das multas previstas neste regulamento será sempre da competência do comandante-geral da Polícia de Segurança Pública.

§ 1.º – As contravenções são verificadas pelo pessoal da fiscalização de explosivos e armamento ou por participação das autoridades administrativas, judiciais, fiscais ou policiais, compreendendo a Guarda Nacional Republicana.

(*) V. nota ao artigo 69.º.

§ 2.º – Toda a infracção às disposições deste regulamento para cuja punição não esteja especialmente prevista a penalidade será punida com a multa de 100$ a 1000$.

§ 3.º – Todas as multas impostas por transgressão deste regulamento dão entrada nos cofres do Estado por meio de guia.

ARTIGO 75.º

A graduação das multas aplicáveis por infracções das disposições deste regulamento é feita segundo as normas do § 1.° do artigo 553.° do Código de Processo Penal, salvo quando se verifiquem circunstâncias especiais atenuantes ou agravantes, depois de ouvido o infractor e apreciada a matéria de facto.

ARTIGO 76.º

Os autos levantados nos termos deste regulamento valem como corpo de delito e fazem fé em juízo.

(*) ARTIGO 77.º

Todos os artigos de armamento ou munições entregues voluntariamente em qualquer estação policial, e bem assim os encontrados ao abandono e os apreendidos por qualquer autoridade, serão remetidos ao Comando-Geral da Polícia de Segurança Pública, que promoverá a sua venda em hasta pública e onde serão admitidos a licitar, em praças alternadas, os indivíduos ou firmas habilitados ao comércio de armas e munições e as entidades designadas no n.° 1 do artigo 1.°, mas estas apenas quanto às armas de defesa a que se refere a alínea *b)* do n.° 2 e n.° 3 do artigo 1.° e respectivas munições.

§ 1.º – Os artigos em depósito serão postos em praça depois de publicados avisos na imprensa diária, retirando-se da venda quando não convenha o preço atingido em

---

(*) A redacção do art. 77.º é resultante do D.L. n.º 42 356, de 3 de Julho de 1959.

almoeda, preço que não deverá ser inferior ao valor atribuído à mercadoria por uma comissão de peritos da Polícia de Segurança Pública.

§ 2.º – Ao produto da venda destes artigos é aplicável o estabelecido quanto à venda de outros bens do Estado, dando entrada no Tesouro.

§ 3.º – O armamento posto em praça será entregue aos novos proprietários com o competente livrete de manifesto.

§ 4.º – Quando se trate de armas de guerra ou de artigos de material de guerra pertencentes ou não a unidades militares, serão os mesmos remetidos aos organismos competentes do Ministério da Guerra, sendo inutilizados no depósito geral de material de guerra aqueles que não possam ter aproveitamento em serviços públicos civis ou militares.

§ 5.º – Quanto à entrega e venda de armamento proveniente das alfândegas observar-se-á, na parte aplicável, o disposto no Decreto n.º 19 208, de 7 de Janeiro de 1931, e na Portaria n.º 7064, de 1 de Abril do mesmo ano.

§ 6º. – Quando seja necessário que a arma constitua prova de crime ou transgressão, e tenha acompanhado o processo para juízo, o tribunal competente remeterá a arma ao Comando-Geral da Polícia de Segurança Pública no prazo de quinze dias após o julgamento.

§ 7.º – Por cada apreensão ao abrigo deste regulamento se levantará auto com duas testemunhas, dele constando o motivo da apreensão, as características das armas ou munições e a identidade dos seus detentores. Um exemplar deste auto acompanhará o material apreendido quando enviado ao Comando-Geral da Polícia de Segurança Pública.

§ 8.º – As armas somente poderão voltar à posse dos seus proprietários quando a apreensão seja julgada improcedente e estes estejam em condições legais de ser seus detentores.

§ 9.º – Os institutos de criminologia de Lisboa e Coimbra poderão requisitar para os respectivos museus o armamento que entendam dever dar ali entrada.

§ 10.º – O armamento nos termos do § 6.º que venha para uso do pessoal dos serviços prisionais poderá ficar em poder da direcção-geral competente, desde que se enviem ao Comando-Geral da Polícia de Segurança Pública elementos para o seu registo e concessão dos livretes respectivos.

ARTIGO 78.º

Subsiste a validade dos certificados de manifesto passados ao abrigo do Decreto n.º 18 754, mas é lícito aos proprietários das armas a que dizem respeito fazê-los substituir por livretes, sendo obrigatória essa substituição sempre que as armas já manifestadas sejam objecto de venda, troca, doação ou herança.

ARTIGO 79.º

As armas ou munições actualmente em depósito na Direcção da Arma de Artilharia consideram-se perdidas a favor do Estado quando não sejam dali retiradas no prazo de seis meses contados do início da vigência deste regulamento, entregando-se no Depósito Geral de Material de Guerra os artigos classificados como material de guerra.

ARTIGO 80.º

Todos os possuidores de armamento não registado na Direcção da Arma de Artilharia na vigência do Decreto n.º 18 754 ficam sujeitos às penalidades de que trata o artigo 41.º, salvo quando façam o seu manifesto nos primeiros trinta dias após a publicação deste regulamento, mediante o pagamento da taxa de 100$ por cada arma, destinando-se 50% ao Fundo da Fiscalização criado pelo Decreto n.º 36 085, de 31 de Dezembro de 1946.

§ 1.º – O manifesto nos termos deste artigo não abrange o armamento que, pelo seu estado de conservação e proveniência, se reconheça ter entrado no País recentemente, ao qual serão aplicadas as multas previstas no artigo 41.º.

§ 2.º – Para os efeitos do parágrafo anterior todas as armas apresentadas a manifesto serão examinadas no Comando da Polícia de Segurança Pública do distrito onde reside o seu proprietário, ou na secção policial mais próxima.

Ministério do Interior, 21 de Fevereiro de 1949.

O Ministro do Interior, *Augusto Cancella de Abreu.*

TABELAS DE EMOLUMENTOS E OUTRAS TAXAS A QUE SE REFERE O ARTIGO 1º DO DECRETO-LEI nº 37 313, DESTA DATA (*)

TABELA A

Cobranças a efectuar pelo Comando-Geral da Polícia de Segurança Pública

I – Autorizações de importação de armas, munições e acessórios:

Por cada arma de fogo:

a) – De caça, de defesa, de recreio aperfeiçoada ou de estimação:
Receita do Estado .... 1 800$
Receita do Fundo de fiscalização, nos termos da alínea *a)* do n.º 4 da tabela n.º 1 anexa ao Decreto-Lei n.º 36 085, de 31 de Dezembro de 1946 .... 450$

b) – De precisão ou de caça grossa:
Receita do Estado .... 3 600$
Receita do Fundo de fiscalização nos termos da alínea *a)* do nº 4 da tabela n.º 1 anexa ao Decreto-Lei n.º 36 085, de 31 de Dezembro de 1946 .... 450$

(*) Valores actualizados de acordo com o disposto no artigo 5.º do Decreto-Lei n.º 399/93, de 3 de Dezembro.

c) – De recreio simples:
Receita do Estado .... 900$
Receita do Fundo de fiscalização, nos termos da alínea *a)* do n.º 4 da tabela n.º 1 anexa ao Decreto-Lei n.º 36 085, de 31 de Dezembro de 1946 .... 450$

Por cada arma branca ou de fogo de ornamentação, ou por cada grupo ou colecção de armas gentílicas:

d):
Receita do Estado .... 450$
Receita do Fundo de fiscalização, nos termos da alínea *a)* do n.º 4 da tabela n.º 1 anexa ao Decreto-Lei n.º 36 085, de 31 de Dezembro de 1946 .... 450$

Peças e acessórios para armas de fogo:

e) – Por cada peça ou grupo de peças cujo valor não exceda 22.500$00
Receita do Estado - O mesmo que uma arma completa, de harmonia com as alíneas *a)*, *b)* e *c)*.
Fundo de fiscalização nos termos da alínea *a)* do n.º 4 da tabela n.º 1 anexa ao Decreto-Lei n.º 36 085, de 31 de Dezembro de 1946...... 450$

Munições:

f) – Por cada milhar de cartuchos carregados de qualquer espécie ou fracção:
Receita do Estado .... 450$
Fundo de fiscalização nos termos da alínea *b)* do n. 4 da tabela n.º 1 anexa ao Decreto-Lei n.º 36 085, de 31 de Dezembro de 1946...... 450$

g) – Por cada milhar de cartuchos vazios ou fulminantes de qualquer espécie ou fracção:
Receita do Estado .... 225$

Fundo de fiscalização nos termos da alínea *b)* do n.º 4 da tabela n.º 1 anexa ao Decreto-Lei n.º 36 085, de 31 de Dezembro de 1946...... 225$

h) – Importações feitas por particulares:
Receitas do Estado:
Além das taxas fixadas nas alíneas anteriores para as diversas espécies de armas ou munições, é devida a taxa adicional de 9000$ por cada arma de caça ou de defesa de qualquer modelo; de 4500$ por cada arma de precisão ou de recreio, e de 2250$ por cada milhar ou fracção de cartuchos, carregados ou não, sendo isentas as importações temporárias de que trata a alínea *i)*.

Fundo de fiscalização - As taxas das alíneas anteriores.

i) – Importações temporárias (artigo 16.º e seu § 1.º):
Por cada pretensão apresentada no Comando-Geral da Polícia de Segurança Pública:
Receita do Estado .... 4 500$
Fundo de fiscalização, de que trata o artigo 7.º do Decreto-Lei n.º 36 085 de 31 de Dezembro de 1946 .... 450$

II Autorizações de exportação ou de reexportação de armas e munições:

j):

Receita do Estado - É calculada pela tabela das importações, com redução de 75%.
Fundo de fiscalização, de que trata o artigo 7.º do Decreto-Lei n.º 36 085 de 31 de Dezembro de 1946 - Conforme a tabela de importações, com redução de 50%.

III – Autorizações de uso e porte, de detenção e uso, ou simples detenção de armas:

l) – Permanentes:
Simples detenção de armas de precisão ou de outro armamento nas condições da parte final do § 1.º do artigo 46.º, com referência ao artigo 6º:
Receita do Estado .... 2 250$
Fundo de fiscalização, de que trata o artigo 7.º do Decreto-Lei nº 36 085 de 31 de Dezembro de 1946 .... 450$

Uso e porte de armas de defesa pertencentes ao Estado, nos termos do artigo 48.º, com referência à alínea *a)* do n.º 2 do artigo 1.º:

Receita do Estado .... 450$
Fundo de fiscalização, de que trata o artigo 7.º do Decreto-Lei n.º 36 085 de 31 de Dezembro de 1946 .... 225$

m) – Quinquenais:
Uso e porte de armas de defesa, nos termos do artigo 48.º, com referência à alínea *b)* do n.º 2 do artigo 1.º:

Receita do Estado .... 1 800$
Fundo de fiscalização, de que trata o artigo 7.º do Decreto-Lei n.º 36 085 de 31 de Dezembro de 1946 .... 450$

n) – Anuais:
Receita do Estado .... 1 800$
Fundo de fiscalização, de que trata o artigo 7.º do Decreto-Lei n.º 36 085 de 31 de Dezembro de 1946 .... 450$

o) – Com validade por período superior a um ano, até ao máximo de cinco anos:
Por cada ano e espécie de receita, o mesmo que as licenças anuais.

IV – Alvarás de licença a conceder aos agentes de fábricas de armamento ou munições, nos termos do artigo 13º:

p) – Anuais:
Receita do Estado .... 9 000$
Fundo de fiscalização, de que trata o artigo 7.º do Decreto-Lei n.º 36 085 de 31 de Dezembro de 1946 .... 2 250$

V – Pela concessão de autorizações de compra de armas:

q):
Receita do Estado .... 225$

VI – Pela concessão de livretes de manifesto:

r):
Receita do Estado .... 225$
Fundo de fiscalização, de que trata o artigo 7.º do Decreto-Lei n.º 36 085 de 31 de Dezembro de 1946 .... 225$

VII – Pelo averbamento de transferência de propriedade de armas entre particulares:

s):
Receita do Estado .... 225$
Fundo de fiscalização, de que trata o artigo 7.º do Decreto-Lei n.º 36 085 de 31 de Dezembro de 1946 .... 225$

VIII – Pelo averbamento de transferência de propriedade de armas compradas ou vendidas por armeiros ou cancelamento de livretes, nos termos do § 8.º do artigo 38.º:

t):
Receita do Estado .... 112$50

Fundo de fiscalização, de que trata o artigo 7.º do Decreto-Lei n.º 36 085 de 31 de Dezembro de 1946 .... 112$50

IX – Pela passagem de segundas vias de livretes ou cancelamento, nos termos do § 10º do artigo 38.º:

u):

Receita do Estado .... 450$

Fundo de fiscalização, de que trata o artigo 7.º do Decreto-Lei n.º 36 085 de 31 de Dezembro de 1946 .... 225$

TABELA B

Cobranças a efectuar pelos comandos distritais ou de secção da Polícia de Segurança Pública, ou pelas câmaras municipais, segundo os casos

I – Pela concessão de licenças de uso e porte de arma de defesa:

a) – Semestrais:

Receita do Estado	2 250$
Receita da Câmara Municipal do Concelho onde resida o impetrante	450$
Fundo de fiscalização, de que trata o artigo 7.º do Decreto-Lei n.º 36 085, de 31 de Dezembro de 1946	225$

b) – Anuais:

Receita do Estado	4 500$
Receita da Câmara Municipal do Concelho onde resida o impetrante	900$
Fundo de fiscalização, de que trata o artigo 7.º do Decreto-Lei n.º 36 085, de 31 de Dezembro de 1946	450$

c) – Com validade por período superior a um ano, até ao máximo de cinco anos:

Por cada ano e espécie de receita, o mesmo que as licenças anuais.

II – Pela concessão de licenças de uso e porte de armas da caça:

d) – Anuais:
Receita do Estado .... 900$
Receita da Câmara Municipal do respectivo Concelho.. 450$
Receita da comissão venatória regional .... 450$
Fundo de fiscalização, de que trata o artigo 7.º do Decreto-Lei n.º 36 085, de 31 de Dezembro de 1946 .... 225$

e) – Com validade por período superior a um ano, até ao máximo de cinco anos:
Por cada ano e espécie de receita, o mesmo que as licenças anuais.

III – Pela concessão de licenças de uso e porte de armas de recreio:

f) – Anuais:
Armas de cano estriado:
Receita do Estado .... 900$
Fundo de fiscalização, de que trata o artigo 7.º do Decreto-Lei n.º 36 085, de 31 de Dezembro de 1946 .... 225$

Armas de cano liso:
Receita do Estado .... 450$
Receita da Câmara Municipal do Concelho .... 225$
Fundo de fiscalização, de que trata o artigo 7.º do Decreto-Lei n.º 36 085, de 31 de Dezembro de 1946 .... 225$
Receita da comissão venatória regional .... 225$

g) – Com validade por período superior a um ano, até ao máximo de cinco anos:
Por cada ano e espécie de receita, o mesmo que as licenças anuais.

IV – Pela concessão de licenças para montagem de ratoeiras de fogo:

h) – Anuais:
Receita do Estado .... 450$
Receita da Câmara Municipal do Concelho ... 450$

V – Pela concessão de autorizações de compra de armas de defesa ou de recreio aperfeiçoadas:

i):
Receita do Estado .... 225$
Receita da Câmara Municipal do Concelho ... 225$

VI – Pela remessa ao Comando-Geral da Polícia de Segurança Pública de livretes de manifesto para averbamento de quaisquer alterações resultantes de transacções entre particulares:

j):
Receita do Estado .... 225$
Receita da Câmara Municipal do Concelho ... 225$

VII – Pela concessão de autorizações para trocas, vendas ou cedências de armas (artigo 42°), por cada arma:

l):
Receita do Estado .... 2 250$
Receita da Câmara Municipal do Concelho ... 450$
Receita da comissão venatória regional (nos casos de armas de caça) .... 450$
Fundo de fiscalização, de que trata o artigo 7.º do Decreto-Lei n.º 36 085, de 31 de Dezembro de 1946 .... 450$

Ministério do Interior, 2 1 de Fevereiro de 1949.
O Ministro do Interior, *Augusto Cancella de Abreu.*

Modelo I

TALÃO

(*a*) ...

Autorização para compra de arma de defesa, passada a favor de ..., portador de (*b*) ... n.º ..., concedida nesta secretaria em .../.../...

..., em ... de ... de 19...

...

SERVIÇO DA REPÚBLICA

(*a*) ...

Autorização para compra de arma de defesa

Está autorizado a adquirir uma arma de defesa, nos termos legais, o Sr. ..., residente na ... e portador de (*b*) ... n.º ..., passada nesta secretaria em .../.../...

..., em ... de ... de 19...

...

(*a*) Designação do serviço que concede a autorização.
(*b*) Licença ou autorização.

Modelo II (*)

POLÍCIA DE SEGURANÇA PÚBLICA

MANIFESTO DE ARMAS

CARACTERÍSTICAS DA ARMA

NÚMERO (1) ☐☐☐☐☐☐☐☐☐ ☐☐☐☐☐☐☐☐☐ ☐☐☐☐☐☐☐☐☐

MARCA ☐ MOD. ☐ COD. (*a*) ☐

CALIBRE ☐ CLASSIFICAÇÃO (2) (*a*) ☐

PUNÇÕES (3) ☐ N.º DE CANOS ☐ N.º DE TIROS ☐ INTERIOR DOS CANOS (4) ☐

COMPRIMENTO ☐ (5) PERCUSSÃO (6) ☐ CARREGAMENTO (7) ☐ CÃES (8) ☐

N.º DO LIVRETE (9) ☐

PROVENIÊNCIA (*a*) (*b*) ☐ N.º DO ARTIGO (*a*) ☐ DATA (*a*) ☐

OBSERVAÇÕES (*a*) ☐

O Funcionário,

Conferi: ____ /____ /____ ____________________

IDENTIFICAÇÃO DO PROPRIETÁRIO

ÚLTIMO NOME ☐ OBSERVAÇÕES (*a*) ☐

NOME ☐

ESTADO CIVIL ☐ PROFISSÃO ☐

N.º DO BILHETE DE IDENTIDADE ☐ ARQ. DE IDENTIFICAÇÃO (*c*) ☐ DATA DE NASC. ☐

NATURAL DE
- FREGUESIA ☐
- CONCELHO ☐

RESIDENTE EM
- RUA E LUGAR ☐
- FREGUESIA ☐
- CONCELHO ☐ CÓD. POSTAL ☐

TRANSFERÊNCIA POR (*a*) (*b*) (*d*) ☐ DATA (*a*) ☐

____________________, ____ *de* __________ *de 19*____
(Localidade)

O Declarante,

____

Modelo n.º 798 (Exclusivo da INCM, E. P.)

(*) Modelo introduzido pelo art.º 2.º do Decreto-Lei n.º 432/83, de 14 de Dezembro.

INSTRUÇÕES

Preencha o impresso SEM EMENDAS OU RASURAS à máquina ou, se o fizer à mão, com letras maiúsculas de imprensa, e, neste caso, escrevendo APENAS UMA LETRA EM CADA RECTÂNGULO, deixando um rectângulo em branco entre cada palavra.

Por exemplo:

NOME | J | O | S | É | | D | A | | S | I | L | V | A | | E | | C | O | S | T | A |

([1]) No caso de a arma possuir mais de um número, começar sempre pelo numero maior.
([2]) Espingarda, carabina, pistola, revólver ou carabina-pistola.
([3]) As três primeiras iniciais do país de origem ou, no caso de arma marcada e puncionada neste Comando-Geral, as iniciais da PSP.
([4]) Liso (L) ou estriado (E).
([5]) Cm ou mm.
([6]) Central (C) ou lateral (L).
([7]) Culatra (C), automática (A), semiautomática (SM), boca (B) ou tambor (T).
([8]) Com (C) ou sem (S).
([9]) Série (A, B, C, etc.) e número.
(a) A preencher pelos serviços.
(b) Importada (IMP), manifestada (MNF), fabricada (FAB) ou montada (MTD). A preencher só pelo primeiro possuidor.
(c) Lisboa (LSB), Porto (PRT) ou Coimbra (CMB).
(d) Herança (H), venda (V), doação (D), desde que não seja o primeiro proprietário da arma.

Modelo III *(Rosto)*

REPÚBLICA PORTUGUESA

MINISTÉRIO DO INTERIOR

(*a*) ...

Licença para uso e porte de arma de recreio
(Armas de cano liso)

N.º ...

Válida nos anos de ... a ... (*b*)

(*a*) Designação da secretaria que concede a licença.
(*b*) Último ano por extenso.

(Interior, lado esquerdo)

Nome ..., idade ..., estado ..., profissão ..., morada ..., bilhete de identidade ... ou ...

(*c*) ..., ... de ... de 19...

(*d*) ...,
...

(*c*) Localidade.
(*d*) O comandante da P. S. P., comandante de secção ou vice-presidente da câmara.

(Interior, lado direito)

Características das armas:

Espingardas de recreio (cano liso)	Sistema de carregamento	Número de canos	Calibre	Fabricante	Número da ficha ou livrete

(Capa)

Custo desta licença:

Anual:

Receita do Estado . . . .
Receita da câmara municipal do concelho . . . .
Fundo de fiscalização (Decreto n.º 36:085, de 31 de Dezembro de 1946) . . . .
Comissão Venatória Regional . . . .

Com validade por período superior a um ano, até ao máximo de cinco anos:

Por cada ano e espécie de receita o mesmo que as licenças anuais.

Modelo IV *(Rosto)*

REPÚBLICA PORTUGUESA

MINISTÉRIO DO INTERIOR

Polícia de Segurança Pública de ...

Licença (*a*)... para uso e porte de arma de defesa

N.º ...

Válida nos anos de ... a ... (*b*)

a) Indicação do período de validade.
b) Último ano por extenso.

(Interior, lado esquerdo)

Fotografia

Nome ..., idade ..., estado ..., profissão ..., morada ..., bilhete de identidade ... ou

(*c*) ..., ... de ... de 19...

O Comandante,

...

(*c*) Localidade.

(Interior, lado direito)

Características da arma:

Qualidade da arma	Calibre	Fabricante	Número da arma	Número da ficha ou livrete

Observações ...

(Capa)

Custo desta licença:

Semestral:

Receita do Estado . . . .
Fundo de fiscalização (artigo 7.º do Decreto n.º 36:085, de 31 de Dezembro de 1946) . . . .
Receita da câmara municipal do concelho onde reside o impetrante . . . .

Anual:

O dobro da semestral por cada espécie de receita.

Com validade por período superior a um ano, até ao máximo de cinco anos:

Por cada ano e espécie de receita o mesmo que as licenças anuais.

Modelo V *(Rosto)*

REPÚBLICA PORTUGUESA
MINISTÉRIO DO INTERIOR
Comando-Geral da Polícia de Segurança Pública
Autorização para uso e porte de arma de defesa
(Arma pertencente ao funcionário)
N.º ...
(Válida por cinco anos)
Custo desta autorização:
Receita do Estado . . . . .
Fundo de fiscalização (Decreto n.º 36:085) . . . . .

Nome ...
Cargo que exerce ...
Bilhete de identidade n.º ...
Residência ...
Lisboa, ... de ... de 19...
O Comandante-Geral,
...

(Verso)

Características da arma:
Qualidade ...
Calibre ...
Comprimento do cano ...
Número ...
Marca ...
Números da ficha ou do livrete { Número ... / Série ...

Assinatura do portador,
...

Averbadas as características.
Comando-Geral da P. S. P., em .../.../19...
O Funcionário,
...

Modelo V-A *(Rosto)*

REPÚBLICA PORTUGUESA
MINISTÉRIO DO INTERIOR
Comando-Geral da Polícia de Segurança Pública
Autorização de uso e porte de arma de defesa
(Arma pertencente ao Estado)
N.º ...
Custo desta licença:
Receita do Estado . . . . .
Fundo de fiscalização (Decreto n.º 36:085, de 31 de Dezembro de 1946) . . . .

Válida enquanto o funcionário se encontrar em serviço activo.

Nome ...
Bilhete de identidade n.º ...
Residência ...
Lisboa, ... de ... de 19...
O Comandante-Geral,
...

(Verso)

Características da arma:
Qualidade ...
Calibre ...
Comprimento do cano ...
Número ...
Marca ...
Números da ficha ou do livrete { Número ... / Série ...

Assinatura do portador,
...

Averbadas as características.
Comando-Geral da P. S. P., em .../.../19...
O Funcionário,
...

Modelo VI *(Rosto)*

REPÚBLICA PORTUGUESA
MINISTÉRIO DO INTERIOR
Comando-Geral da Polícia de Segurança Pública
Autorização para uso e porte de arma de precisão
N.º ...
Válida nos anos de ... a ... (a)

(a) Último ano por extenso.

(Interior, lado esquerdo)

Nome ..., idade ..., estado ..., profissão ..., morada ..., bilhete de identidade ... ou ...

Agremiação que requereu a autorização ...

Lisboa, ... de ... de 19...

O Comandante-Geral,
...

(Interior, lado direito)

Características das armas:

	Sistema de carregamento	Número de canos	Calibre	Fabricante	Número da arma	Número da ficha ou livrete
Espingardas de cano estriado						

(Capa)

Custo desta autorização:

Anual:

Receita do Estado . . . .
Fundo de fiscalização (artigo 7.º do Decreto n.º 36:085, de 31 de Dezembro de 1946) . . . .

Com validade por período superior a um ano, até ao máximo de cinco anos:

Por cada ano e espécie de receita o mesmo que as licenças anuais.

Modelo VII *(Rosto)*

REPÚBLICA PORTUGUESA

MINISTÉRIO DO INTERIOR

Polícia de Segurança Pública d...

Licença para uso e porte de arma de recreio

(Armas de cano estriado)

N.º ...

Válida nos anos de ... a ... (*a*)

(*a*) Último ano por extenso.

(Interior, lado esquerdo)

Nome ..., idade ..., estado ..., profissão ..., morada ..., bilhete de identidade ... ou ...

(*b*) ..., ... de ... de 19...

O Comandante,

...

(*b*) Localidade.

(Interior, lado direito)

Características das armas:

	Sistema de carregamento	Número de canos	Calibre	Fabricante	Número da arma	Número da ficha ou livrete
Espingardas de recreio (cano estriado)						

(Capa)

Custo desta licença:

Anual:

Receita do Estado . . . .
Fundo de fiscalização (artigo 7.º do Decreto n.º 36:085, de 31 de Dezembro de 1946) . . . .

Com validade por período superior a um ano, até ao máximo de cinco anos:

Por cada ano e espécie de receita o mesmo que as licenças anuais.

Modelo VIII *(Rosto)*

REPÚBLICA PORTUGUESA

MINISTÉRIO DO INTERIOR

(*a*) ...

Licença para uso e porte de arma de caça

N.º ...

Válida para os anos de ... a ... (*b*)

(*a*) Designação da secretaria que concede a licença.
(*b*) Último ano por extenso.

(Interior, lado esquerdo)

Nome ..., idade ..., estado ..., profissão ..., morada ..., bilhete de identidade ... ou ...

(*c*) ..., ... de ... de 19...

(*d*) ...,

...

(*c*) Localidade.
(*d*) O comandante da P. S. P., comandante de secção ou vice-presidente da câmara.

(Interior, lado direito)

Características das armas:

	Sistema de carregamento	Número de canos	Calibre	Fabricante	Número da arma	Número da ficha ou livrete
Espingardas						

(Capa)

Custo desta licença:

Anual:

Receita do Estado . . . .
Receita da câmara municipal do respectivo concelho . . .
Receita da comissão venatória regional . . . .
Fundo de fiscalização (artigo 7.º do Decreto n.º 36:085, de 31 de Dezembro de 1946) . . . .

Licenças com validade por período superior a um ano, até ao máximo de cinco anos:

Por cada ano e espécie de receita o mesmo que as licenças anuais.

Modelo IX (1.ª página)

SERVIÇO DA REPÚBLICA

MINISTÉRIO DO INTERIOR

(a) ...

Autorização n.º ... (Permanente)

Autorizo ..., residente ..., a conservar no seu domicílio, a título de (b) ..., as armas abaixo descritas, devidamente registadas:

Número da ficha ou livrete	Número de canos	Interior do cano	Calibre	Marca	Número da arma	Observações

Esta autorização é passada ao abrigo do disposto no § 1.º do artigo 46.º do regulamento aprovado pelo Decreto-Lei n.º 37:313, publicado em 21 de Fevereiro de 1949, e em caso algum estas armas poderão sair do local indicado nesta autorização, nem poderá o interessado possuir munições que se lhes destinem.

(c) ..., ... de ... de 19...

(d) ...

...

Custo desta autorização:

Receita do Estado . . . .
Fundo de fiscalização (Decreto n.º 36:085, de 31 de Dezembro de 1946) . . . .

(a) Designação da secretaria que concede a autorização.
(b) Valor estimativo ou simples detenção.
(c) Localidade.
(d) O comandante-geral, distrital ou da secção, segundo os casos.

(3.ª página, igual à 1.ª; 2.ª e 4.ª páginas, brancas)

Modelo IX-A

SERVIÇO DA REPÚBLICA

MINISTÉRIO DA ADMINISTRAÇÃO INTERNA

COMANDO-GERAL DA POLÍCIA DE SEGURANÇA PÚBLICA

Autorização n.º .... (Permanente)

Autorizo ....,
residente ....,
a conservar no seu domicílio, a título de valor estimativo, **as armas abaixo descritas, devidamente registadas:**

Número da ficha ou livrete	Número de canos	Interior do cano	Calibre	Marca	Número da arma	Qualidade da arma
....	....	....	....	....	....	....
....	....	....	....	....	....	....
....	....	....	....	....	....	....
....	....	....	....	....	....	....
....	....	....	....	....	....	....

Esta autorização é passada ao abrigo do disposto na última parte do § 1.º do artigo 46.º do regulamento aprovado pelo Decreto-Lei n.º 37 313, publicado em 21 de Fevereiro de 1949, e em caso algum estas armas poderão sair do local indicado nesta autorização, nem poderá o interessado possuir munições que se lhes destinem.

Comando-Geral da Polícia de Segurança Pública, ... *de* .... *de 19* ....

Custo da autorização

Receita do Estado ....
Fundo de fiscalização (Decreto-Lei n.º 521/71, de 24 de Novembro) ......

O Comandante-Geral,

....

Modelo X (*)

FRENTE

VERSO

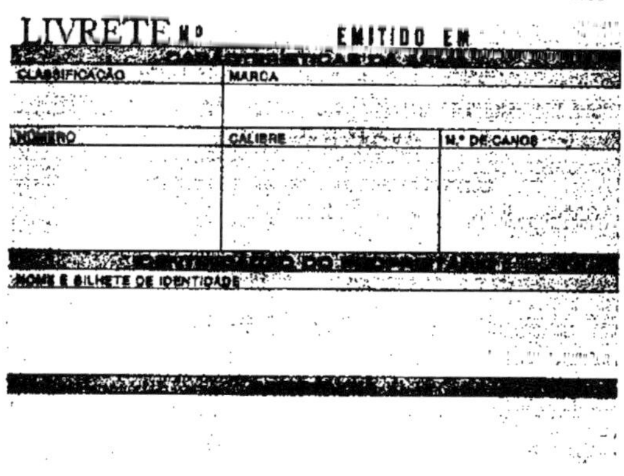

(*) Modelo introduzido pelo art.º 1.º do Decreto-Lei n.º 432/83, de 14 de Dezembro.

Modelo XI

LIVRO DE REGISTO DE LICENÇAS DE USO
E PORTE DE ARMAS DE DEFESA

Número de ordem da licença	Data			Nome	Idade	Profissão	Morada
	Dia	Mês	Ano				

Qualidade da arma	Características da arma			Número da ficha ou livrete	Número de bilhete de identidade	Data em que termina a validade da licença	Observações
	Calibre	Fabricante	Número da arma				

Modelo XII

LIVRO DE REGISTO DE LICENÇAS DE USO
E PORTE DE ARMAS DE CAÇA

Número de ordem da licença	Data			Nome	Idade	Profissão	Morada
	Dia	Mês	Ano				

Qualidade da arma	Características da arma						Número do bilhete de identidade	Data em que termina a validade da licença
	Sistema de carregamento	Número de canos	Calibre	Fabricante	Número da arma	Número da ficha ou livrete		

Modelo XIII

LIVRO DE REGISTO DE TROCAS, VENDAS OU CEDÊNCIAS DE ARMAS DE ...

Número de ordem	Data da entrada do requerimento	Número do ofício de referência	Vendedor		Número da licença ou autorização	Número da ficha ou livrete
			Nome	Morada		

Comprador		Número da licença ou autorização	Número da ficha ou livrete	Características da arma				
Nome	Morada			Número de canos	Marca	Número da arma	Calibre	Qualidade da arma

---

Modelo XIV

Registo de armamento de (a)...

saído à consignação do estabelecimento de (b) ...

(c) ...

(a) Classificação de armamento.
(b) Firma.
(c) Localidade.

Número de ordem de saída	Referência ao livro de entrada	Data da saída			Qualidade da arma	Número de canos	Interior do cano	Sistema de percussão	Calibre	Com ou sem cães	Nome do fabricante	Procedência	Número da arma
		Dia	Mês	Ano									

Números		Firma consignatária		Data da venda da arma			Data do regresso da arma ao consignante			Observações
Da ficha	Do livrete	Nome	Localidade	Dia	Mês	Ano	Dia	Mês	Ano	

Modelo XV

Registo de armamento de (a) ...

entrado à consignação no estabelecimento de (b) ...

(c) ...

(a) Classificação do armamento.
(b) Firma.
(c) Localidade.

Número de ordem da entrada	Data da entrada			Qualidade, da arma	Número de canos	Interior do cano	Sistema de percussão	Calibre	Com ou sem cães	Nome do fabricante	Procedência	Número da arma
	Dia	Mês	Ano									

Números		Firma consignante		Data da venda da arma			Data do regresso da arma ao consignante			Observações
Da ficha	Do livrete	Nome	Localidade	Dia	Mês	Ano	Dia	Mês	Ano	

Modelo XVI

Registo de armamento de (a) ...

Vendido pela firma ...

(b) ...

(a) Classificação do armamento.
(b) Localidade.

Número de ordem		Data da venda			Qualidade da arma	Número de canos	Interior do cano	Sistema de percussão	Calibre	Com ou sem cães	Nome do fabricante	Procedência	Número da arma
Da saída	Da entrada	Dia	Mês	Ano									

Números		Comprador		Licença ou autorização de uso e porte de arma						Observações
						Data				
Da ficha	Do livrete	Nome	Morada	Entidade que a concedeu	Número	Dia	Mês	Ano	Prazo de validade	

Modelo XVII

Registo de armamento de (a) ...

importado pela firma ...

(b) ...

(a) Classificação de armamento.
(b) Localidade.

Número de ordem da entrada	Data da entrada			Qualidade da arma	Número de canos	Interior do cano	Sistema de percussão	Calibre	Com ou sem cães
	Dia	Mês	Ano						

Nome do fabricante	Procedência	Números		Número e data da autorização de importação				Despacho na alfândega	
		Da arma	Do livrete	Número	Dia	Mês	Ano	Delegação	Número

Modelo XVIII

Registo de armamento de (a) ...

adquirido a particulares ou a outros armeiros pela firma ...

(b) ...

(a) Classificação de armamento.
(b) Localidade.

Número de ordem de entrada	Qualidade da arma	Número de canos	Interior do cano	Sistema de percussão	Calibre	Com ou sem cães	Nome do fabricante	Procedência	Número da arma

Extracto do livrete ou ficha					Data da compra			Observações
Números		Nome do proprietário	Morada	Profissão	Dia	Mês	Ano	
Da ficha	Do livrete							

Modelo XIX

(*a*) ...

(*b*) ...

MAPA MENSAL
DO MOVIMENTO DE MUNIÇÕES

Ano de ...

Mês de ...

(*a*) Designação da firma.
(*b*) Localidade.

Mapa a enviar ao Comando-Geral da P. S. P. até ao dia 5 do mês seguinte.

Dia	Comprador			Autorização ou licença				
	Nome	Morada	Profissão	Número	Data			Prazo de validade
					Dia	Mês	Ano	

Entidade que concedeu a licença ou autorização — Sendo isento de licença, indicar o cargo que exerce ou posto e número do bilhete de identidade	Tipo de munições e quantidades vendidas					
	Calibre 5,75	Calibre 6	Calibre 6,35	Calibre 32		

Resumo:

	Calibre 5,75	Calibre 6	Calibre 6,35	Calibre 32		
Saldo do mês anterior						
Importações						
Compras						
Totais						
Vendas	...					
Existência						

Observações ...

(*a*) ..., ... de ... de 19...

O Proprietário ou Gerente,
...

(*a*) Localidade.

Modelo XX

Alfândega de ...

DIRECÇÃO-GERAL DAS ALFÂNDEGAS

Delegação de ...

Mapa discriminativo de armas importadas e suas características

Importadores		Classificação da arma	Qualidade da arma	Sistema de carregamento	Com ou sem cães	Calibre	Número de canos	Interior do cano	Comprimento do cano	Número da arma	Fabricante	Procedência	Observações
Nome	Localidade												

..., ... de ... de 19...

O Chefe da Delegação Aduaneira,

...

Modelo XXI

Alfândega de ...

DIRECÇÃO-GERAL DAS ALFÂNDEGAS

Delegação de ...

Mapa discriminativo de munições importadas

Importadores		Tipos e quantidades das munições importadas								Procedência	Observações
Nome	Localidade	De caça		De defesa		De precisão					
		Calibre	Quantidade	Calibre	Quantidade	Calibre	Quantidade	Calibre	Quantidade		

..., ... de ... de 19...

O Chefe da Delegação Aduaneira,

...

DECRETO-LEI N.º 207-A/75
de 17 de Abril

REGULAMENTA A POSSE E USO DE VÁRIAS ARMAS E MUNIÇÕES

Considerando que após treze anos de guerra colonial se encontram no País inúmeras armas, impondo-se regulamentar a sua posse e prevenir o seu uso;

Considerando que as armas de guerra devem ser de exclusivo uso das forças armadas para fins operacionais e só na posse das mesmas se devem encontrar;

Considerando que o clima de segurança que se pretende instituir no País é incompatível com a posse indiscriminada desse tipo de armamento;

Considerando o disposto no n.° 9 do artigo 1.° da Lei n.° 3/75, de 19 de Fevereiro;

Nestes termos:

Usando dos poderes conferidos pelo artigo 6.° da Lei Constitucional n.° 5/75, de 14 de Março, o Conselho da Revolução decreta e eu promulgo, para valer como lei, o seguinte:

ARTIGO 1.°

1 – Consideram-se armas de defesa:

a) As pistolas até calibre 7,65 mm, inclusive, cujo cano não exceda 10 cm;

b) As pistolas até calibre 6,35 mm, inclusive, cujo cano não exceda 8 cm;

c) Os revólveres de calibre não superior a 7,65 mm (0,32"), cujo cano não exceda 10 cm;

d) Os revólveres de calibre não superior a 9 mm (0,38"), cujo cano não exceda 5 cm.

2 – Apenas para as armas referidas nas alíneas *b)* e *c)* poderão, para fins de defesa, ser concedidas licenças de uso e porte aos maiores de 21 anos que se encontrem em pleno uso de todos os direitos de cidadania, e que mostrem carecer da mesma por razões profissionais ou por circunstâncias imperiosas de defesa pessoal.

3 – Para as restantes armas de defesa poderá o Comando-Geral da Polícia de Segurança Pública autorizar o seu uso e porte às entidades designadas na lei, quer a arma seja fornecida pelo Estado, quer seja propriedade do próprio.

4 – O uso e porte de arma por elementos das forças armadas e militarizadas será objecto de diploma especial.

ARTIGO 2.º

1 – É proibido o uso, porte ou simples detenção, por parte de elementos estranhos às forças armadas ou militarizadas, de armamento que pelas suas características, equipe ou possa ser usado como material de guerra, próprio dessas forças.

2 – As armas classificadas como material de guerra, e em especial as automáticas que façam parte de colecções autorizadas, devem, depois de manifestadas e registadas, manter-se guardadas em condições de segurança que garantam a sua inviolabilidade; e em caso algum poderão ser mantidas munições para seu uso.

3 – As autorizações para colecções referidas no número anterior serão passadas pelo Comando-Geral da Polícia de Segurança Pública, a requerimento discriminativo dos interessados.

ARTIGO 3.º

1 – É proibida, salvo nos casos previstos neste diploma, a detenção, uso e porte das seguintes armas, engenhos ou matérias explosivas:

a) Pistolas de calibre superior a 6,35 mm;
b) Revólveres de calibre superior a 7,65 mm (0,32");
c) Espingardas ou carabinas de cano estriado ou de alma estriada de calibre superior a 6 mm e de percussão circular;
d) Armas de fogo cujo cano haja sido cortado;
e) Espingardas ou carabinas de precisão, facilmente desmontáveis em peças ou mecanismos principais de reduzida dimensão, bem como estojos portáteis para o seu transporte;
g) Armas brancas ou de fogo com disfarce ou ainda outros instrumentos sem aplicação definida, que possam ser usados como arma letal de agressão, não justificando o portador a sua posse;
g) Granadas de mão ou outros artifícios explosivos ou incendiários providos de dispositivo de inflamação própria;
h) Aparelhos ou instrumentos que possam servir para o emprego de substâncias químicas usadas na guerra.

2 – É igualmente proibida a detenção e uso de:

a) Substâncias sólidas, líquidas ou gasosas que sejam intoxicantes, asfixiantes ou vesicantes e quaisquer outras empregadas na guerra;
b) Silenciadores de armas de fogo ou quaisquer outros aparelhos com fins análogos;
c) Munições próprias das armas referidas no número anterior.

(*) ARTIGO 4.º

1 – *São punidos com pena de prisão maior de dois a oito anos e multa de 10 000$ a 1 000 000$ os autores, cúmplices ou encobridores dos crimes de importação, fabrico, guarda, compra, venda, cedência a qualquer título, trans-*

(*) Revogado pelo artigo 6.º do Dec.-Lei n.º 400/82, de 23 de Setembro (Diploma que aprovou o Código Penal de 1982).

porte, detenção ou uso e porte de armas proibidas, engenhos ou matérias explosivas, designadamente as referidas no artigo anterior.

2 – É punida com pena de prisão até um ano, não convertível em multa, a detenção de instrumento, ainda que com aplicação definida, com o fim de ser usado como arma de agressão ou que possa ser utilizado para tal fim, não justificando o portador a sua posse.

3 – A detenção simultânea das armas e das munições respectivas ou ainda de silenciadores, constitui circunstância agravante.

4 – O material apreendido nestas condições será declarado perdido a favor do Estado.

(*) ARTIGO 5.°

1 – São punidos com pena de prisão de três meses a dois anos e multa de 5000$ a 100 000$ os autores, cúmplices ou encobridores dos crimes de:

a) Detenção, uso e porte de armamento que, embora não proibido, não se encontre devidamente manifestado e registado;
b) Detenção, uso e porte de armamento registado, mas sem a necessária autorização ou licença;
c) Detenção de munições próprias de armas de guerra.

2 – A detenção simultânea das armas e respectivas munições constitui circunstância agravante.

3 – O material apreendido nestas condições será declarado perdido a favor do Estado.

(*) Revogado pelo artigo 6.º do Dec.-Lei n.º 400/82, de 23 de Setembro (Diploma que aprovou o Código Penal de 1982).

ARTIGO 6.º

A instrução e julgamento dos crimes previstos neste diploma pertencem à jurisdição comum, exceptuando os casos de conexão com crimes sujeitos ao foro militar.

ARTIGO 7.°

1 – No prazo de trinta dias, a contar da publicacão deste Decreto-Lei, deverá ser entregue nos comandos distritais da Polícia de Segurança Pública da área da residência dos seus detentores o armamento proibido e respectivas munições, o qual ficará apreendido.

2 – No mesmo prazo e nos mesmos comandos deverá ser requerida e processada a legalização das colecções referidas no n.° 2 do artigo 2.º, bem como das armas permitidas mas não manifestadas e registadas.

3 – Ainda no mesmo prazo e nos mesmos comandos deverão ser depositadas, mediante a passagem de recibo de depósito e satisfação das taxas legais, as armas que, embora legalizadas face ao Decreto-Lei n.° 37 313, de 21 de Fevereiro de 1949, sejam de modelos não autorizados pelo presente diploma aos respectivos proprietários.

ARTIGO 8.º

Serão resolvidos por despacho do Chefe do Estado-Maior-General das Forças Armadas, ou entidade por este designada, as dúvidas que se suscitem na aplicação do presente diploma.

ARTIGO 9.°

Este diploma entra imediatamente em vigor.

Visto e aprovado em Conselho da Revolução.

Promulgado em 17 de Abril de 1975.

Publique-se.

O Presidente da República, FRANCISCO DA COSTA GOMES.

DECRETO-LEI N.º 651/75
de 19 de Novembro

Considerando a premente necessidade de serem adoptadas medidas urgentes e eficazes contra a detenção, posse e uso de material considerado de guerra;

Considerando o disposto no n.º 9 do artigo 1.º da Lei n.º 3/75, de 19 de Fevereiro;

Nestes termos:

Usando dos poderes conferidos pelo artigo 6.º da Lei Constitucional n.º 5/75, de 14 de Março, o Conselho da Revolução decreta e eu promulgo, para valer como lei, o seguinte:

ARTIGO 1.º

O artigo 6.º do Decreto-Lei n.º 207-A/75, de 17 de Abril, passa a ter a seguinte redacção:

O conhecimento das infracções previstas neste diploma pertence ao foro militar, excepto quando se trate de infracções respeitantes a armas das referidas no n.º 1 do artigo 1.º que não tenham conexão com crimes sujeitos ao foro militar.

ARTIGO 2.º

Os agentes das infracções previstas no Decreto-Lei n.º 207-A/75, de 17 de Abril, quando detidos em flagrante delito, continuarão nessa situação até julgamento.

ARTIGO 3.º

Este diploma entra imediatamente em vigor.

Visto e aprovado em Conselho da Revolução.

Promulgado em 31 de Outubro de 1975.

Publique-se.

O Presidente da República, FRANCISCO DA COSTA GOMES

DECRETO-LEI N.º 328/76
de 6 de Maio

Considerando algumas dúvidas suscitadas na execução do Decreto-Lei n.° 207-A/75, de 17 de Abril;

Atendendo, por outro lado, à necessidade de se adoptarem outras medidas sobre a mesma matéria e consideradas de aplicação inadiável;

Usando dos poderes conferidos pelo artigo 6.° da Lei n.° 5/75, de 14 de Março, o Conselho da Revolução decreta e eu promulgo, para valer como lei, o seguinte:

ARTIGO 1.º

Os artigos 2.º, 5.º e 6.º do Decreto-Lei n.º 207-A/75, de 17 de Abril, passam a ter a seguinte redacção:

Artigo 2.º – 1. ......

2. ....

3. ....

(1) 4. Os emolumentos devidos com a concessão das licenças previstas no número anterior são os constantes da tabela III, alínea l) do regulamento aprovado pelo Decreto-Lei n.° 37 313, de 21 de Fevereiro de 1949, acrescidos da importância de 300$ pelo averbamento de cada arma, constituindo receita do Estado.

......

(2) Artigo 5.º – 1.......

a) Detenção, uso e porte de qualquer arma de fogo que, embora não proibida, não se encontre devidamente manifestada e registada;

b) Detenção de munições próprias de armas de guerra.

2. ....

3. ....

---

(1) O montante de 300$00 resulta da actualização operada pelo artigo 5.º do D.L. n.º 399/93, de 3 de Dezembro.

(2) O artigo 5.º do D.L. n.° 207-A/75, de 17 de Abril, foi revogado pelo artigo 6.º do D.L. n.° 400/82, de 23 de Setembro.

Artigo 6.º – O conhecimento das infracções previstas neste diploma pertence ao foro militar, excepto quando se trate de infracções respeitantes a:

a) Armas das referidas no n.º 1 do artigo 1.º que não tenham conexão com crimes sujeitos ao foro militar;

b) As armas brancas ou instrumentos sem aplicação definida que possam ser usados como arma letal de agressão referidos na alínea *f)* do artigo 3.º, excepto se forem considerados armas de guerra.

ARTIGO 2.º

O artigo 2.º do Decreto-Lei n.º 651/75, de 19 de Novembro, passa a ter a seguinte redacção:

Artigo 2.º – Os agentes das infracções previstas no Decreto-Lei n.º 207-A/75, de 17 de Abril, quando detidos em flagrante delito, continuarão nessa situação até ao final do julgamento, salvo quando, por confissão espontânea ou por qualquer outro modo, tenham contribuído para a descoberta e apreensão das armas.

ARTIGO 3.º

1 – As entidades isentas de autorização ou licença de uso e porte de arma estão obrigadas ao manifesto das armas, sua propriedade, mediante o pagamento dos emolumentos correspondentes ao custo do livrete.

2 – As armas que se encontrem na posse das entidades a que este artigo se refere e que não se encontrem devidamente registadas deverão ser manifestadas até ao fim do ano corrente.

ARTIGO 4.º

Este diploma entra imediatamente em vigor.

Visto e aprovado em Conselho da Revolução.

Promulgado em 3 de Maio de 1976.

Publique-se.

O Presidente da República, FRANCISCO DA COSTA GOMES.

DECRETO-LEI N.º 462-A/76
de 9 de Junho

Considerando que o Decreto-Lei n.º 328/76, de 6 de Maio, e o Decreto-Lei n.º 651/75, de 19 de Novembro, não vieram resolver todas as dúvidas e problemas surgidos, no plano concreto, com a interpretação e aplicação do Decreto-Lei n.º 207-A/75, de 17 de Abril;

Tendo, nomeadamente, em conta que o preâmbulo do Decreto-Lei n.º 651/75 invoca a necessidade de serem adoptadas medidas eficazes contra a detenção, posse e uso de «material considerado de guerra», em função disso devendo ser interpretado o seu artigo 2.º, que determina que os agentes das infracções previstas no Decreto-Lei n.º 207-A/75, presos em flagrante delito, continuem nessa situação até julgamento;

Considerando ainda que, a este respeito, o Decreto-Lei n.º 328/76 se limitou a substituir a expressão «até julgamento» por «até ao final do julgamento» e a introduzir algumas excepções, entre as quais a confissão espontânea e a contribuição para a descoberta e apreensão das armas;

Sendo de toda a justiça diversificar o tratamento legal, quer quanto à admissibilidade de caução, quer quanto à pena aplicável, das armas brancas e outros instrumentos sem aplicação definida, que pelo seu formato e dimensões possam ser considerados de porte frequente, relativamente às demais armas referidas no n.º 1 do artigo 3.º do Decreto-Lei n.º 207-A/75, como é o caso do canivete ou mesmo da navalha, de aplicação tão variada e uso tão corrente, e que, por isso, seria injusto emparceirar sem um *quid* penal distintivo das demais armas arroladas no n.º 1 do artigo 3.º do Decreto-Lei n.º 207-A/75.

No uso dos poderes conferidos pelo artigo 6.º da Lei n.º 5/75, de 14 de Março, o Conselho da Revolução decreta e eu promulgo, para valer como lei, o seguinte:

ARTIGO 1.º

O artigo 2.º do Decreto-Lei n.º 651/75, de 19 de Novembro, passa a ter a seguinte redacção:

Artigo 2.º – Os agentes das infracções previstas no Decreto-Lei n.º 207-A/75, de 17 de Abril, quando detidos em flagrante delito, continuarão nessa situação até ao final do julgamento, salvo quando:

a) Por confissão espontânea ou por qualquer outro modo, tenham contribuído para a descoberta e apreensão das armas;

b) Sejam meros portadores ou simples detentores, sem terem feito ou esboçado a intenção de deles fazerem uso proibido, de armas brancas ou outros instrumentos que, embora susceptíveis de ser usados como arma de agressão, possam, pelo seu formato e dimensões, ser considerados de porte frequente.

ARTIGO 2.º

O artigo 4.º do Decreto-Lei n.º 207-A/75, de 17 de Abril, passa a ter a seguinte redacção:

[1] Artigo 4.º – 1. *São punidos com a pena de prisão maior de dois a oito anos e multa de 10 000$ a 1 000 000$ os autores, cúmplices ou encobridores dos crimes de importação, fabrico, guarda, compra, venda, cedência a qualquer título, transporte, detenção ou uso e porte de armas proibidas, engenhos ou matérias explosivas, designadamente as referidas no artigo anterior, ressalvado o disposto nos números seguintes.*

2. *É punida com pena de prisão até um ano, não convertível em multa, a detenção de instrumento, ainda que com aplicação definida, com o fim de ser usado como arma de agressão ou que possa ser utilizado para tal fim, não justificando o portador a sua posse.*

---

[1] O artigo 4.º do D.L. n.º 207-A/75, de 17 de Abril foi revogado pelo artigo 6.º do D.L. n.º 400/82, de 23 de Setembro.

3. *São punidos com pena de prisão até seis meses o simples porte ou detenção de armas brancas ou outros instrumentos sem aplicação definida que, embora susceptíveis de ser usados como arma de agressão, possam, pelo seu formato e dimensões, ser considerados de porte frequente, desde que o portador não justifique, no caso concreto, a respectiva posse.*

4. *A detenção simultânea das armas e das munições respectivas, ou ainda de silenciadores, constitui circunstâncias agravantes.*

ARTIGO 3.º

O presente diploma entra em vigor na data da sua publicação.

Visto e aprovado em Conselho da Revolução.

Promulgado em 8 de Junho de 1976.

Publique-se.

O Presidente da República, FRANCISCO DA COSTA GOMES.

CONVENÇÃO EUROPEIA SOBRE O CONTROLE DA AQUISIÇÃO E DA DETENÇÃO DE ARMAS DE FOGO POR PARTICULARES

CARTÃO EUROPEU DE ARMA DE FOGO

DECRETO DO GOVERNO N.° 56/84
de 28 de Setembro

O Governo decreta, nos termos da alínea *c)* do n.º 1 e do n.º 2 do artigo 200.º da Constituição, o seguinte:

ARTIGO 1.º

É aprovada, para ratificação, a Convenção Europeia sobre o Controlo da Aquisição e Detenção de Armas de Fogo por Particulares, aberta à assinatura em Estrasburgo em 28 de Junho de 1978, cujo texto original em francês e respectiva tradução em português seguem em anexo ao presente decreto.

ARTIGO 2.º

Ao texto da Convenção é formulada a seguinte reserva: nos termos do artigo 15.º, conjugado com o disposto no anexo II, Portugal não aplicará os capítulos II e III da Convenção no que concerne aos objectos compreendidos nas alíneas *j)* a *n)* do § 1.º e nos §§ 2.º e 3.º do anexo I.

Visto e aprovado em Conselho de Ministros de 28 de Agosto de 1984. – *Mário Soares* – *Carlos Alberto da Mota Pinto* – *Eduardo Ribeiro Pereira* – *Jaime José Matos da Gama* – *Rui Manuel Parente Chancerelle de Machete.*

Assinado em 14 de Setembro de 1984.

Publique-se.

O Presidente da República, ANTÓNIO RAMALHO EANES.

Referendado em 17 de Setembro de 1984.

O Primeiro-Ministro, *Mário Soares.*

CONVENÇÃO EUROPEIA SOBRE O CONTROLE DA AQUISIÇÃO E DA DETENÇÃO DE ARMAS DE FOGO POR PARTICULARES

Os estados membros do Conselho da Europa signatários da presente Convenção:

Considerando que o objectivo do Conselho da Europa é o de realizar uma união mais estreita entre os seus membros;

Considerando a ameaça que constitui o emprego crescente de armas de fogo para fins criminosos;

Conscientes que essas armas de fogo são frequentemente adquiridas no estrangeiro;

Desejosos de instituir, no plano internacional, métodos eficazes de controle dos movimentos de armas de fogo para além-fronteiras;

Conscientes da necessidade de evitar medidas susceptíveis de entravar o comércio internacional lícito ou que se possam traduzir em controles aduaneiros inaplicáveis ou demasiado onerosos, em contradição com os actuais objectivos de liberdade de movimentos das pessoas e bens, acordam no seguinte:

CAPÍTULO I
Definições e disposições gerais

ARTIGO 1.º

Para os fins da presente Convenção:

a) O termo «arma de fogo» tem o sentido que lhe é atribuído no anexo I à presente Convenção;
b) O termo «pessoa» designa também uma pessoa colectiva com estabelecimento no território de uma Parte Contratante;
c) O termo «armeiro» designa qualquer pessoa cuja actividade profissional consista, total ou parcialmente, no fabrico, venda, compra, troca ou aluguer de armas de fogo;

d) O termo «residente» designa qualquer pessoa com residência habitual no território de uma Parte Contratante, em conformidade com a regra n.º 9 do anexo à resolução (72) 1 do Comité de Ministros do Conselho da Europa.

ARTIGO 2.º

As Partes Contratantes comprometem-se a prestar assistência mútua, por intermédio das autoridades administrativas adequadas, para a repressão do tráfico ilícito de armas de fogo e para a procura e descoberta de armas de fogo transferidas do território de um Estado para o território de outro.

ARTIGO 3.º

Cada uma das Partes Contratantes é livre de estabelecer leis e regulamentos relativos às armas de fogo desde que essas leis e regulamentos não sejam incompatíveis com as disposições da presente Convenção.

ARTIGO 4.º

A presente Convenção não se aplica às transacções relativas a armas de fogo em que todas as partes sejam Estados ou actuem por conta de Estados.

CAPÍTULO II

Notificação de transacções

ARTIGO 5.º

1 – Se uma arma de fogo que se encontre no território de uma Parte Contratante for vendida, transferida ou cedida, a qualquer título, a uma pessoa residente no território de outra Parte Contratante, a primeira parte deverá notificar a segunda pelos modos previstos nos artigos 8.º e 9.º.

2 – Com vista à aplicação das disposições do n.º 1 do presente artigo, cada uma das Partes Contratantes tomará as medidas necessárias a fim de que qualquer pessoa que venda, transfira ou ceda, a qualquer título, uma arma de fogo que se encontre no seu território forneça informações sobre a transacção às autoridades competentes dessa Parte.

ARTIGO 6.º

Se uma arma de fogo que se encontre no território de uma Parte Contratante for transferida, de modo permanente e sem alteração da posse, para o território de outra Parte Contratante, a primeira Parte notificará a segunda pelos modos previstos nos artigos 8.º e 9.º.

ARTIGO 7.º

As notificações previstas nos artigos 5.º e 6.º serão igualmente feitas às Partes Contratantes por cujo território transite uma arma de fogo, sempre que o Estado de proveniência dessa arma entenda ser útil essa informação.

ARTIGO 8.º

1 – As notificações previstas nos artigos 5.º, 6.º e 7.º serão feitas o mais rapidamente possível. As Partes Contratantes esforçar-se-ão por agir de forma que a notificação preceda a transacção ou a transferência a que se refere, na falta do que deverá ser feita o mais rapidamente possível após a transferência ou transacção.

2 – As notificações previstas nos artigos 5.º, 6.º e 7.º deverão conter, designadamente:

a) A identidade, número de passaporte ou do bilhete de identidade e endereço da pessoa a quem a arma de fogo é vendida, transferida ou cedida, a qualquer título, ou da pessoa que transfere, de modo permanente, uma arma de fogo para o território de outra Parte Contratante sem alteração da posse;

b) O tipo, marca e características da arma de fogo em causa, bem como o seu número ou qualquer outro sinal distintivo.

ARTIGO 9.º

1 – As notificações previstas nos artigos 5.º, 6.º e 7.º serão efectuadas entre as autoridades nacionais que as Partes Contratantes designarem.

2 – Se necessário, as notificações poderão ser transmitidas por intermédio da Organização Internacional da Polícia Criminal (INTERPOL).

3 – Cada Estado indicará, no momento do depósito do seu instrumento de ratificação, aceitação, aprovação ou adesão, mediante declaração dirigida ao Secretário-Geral do Conselho da Europa, a autoridade a quem deverão ser dirigidas as notificações. Notificará, sem demora, ao Secretário-Geral do Conselho da Europa qualquer modificação ulterior na identidade dessas autoridades.

CAPÍTULO III
Dupla autorização

ARTIGO 10.º

1 – Cada uma das Partes Contratantes tomará as medidas necessárias para assegurar que nenhuma arma de fogo que se encontre no seu território seja vendida, transferida ou cedida, a qualquer título, a uma pessoa aí não residente que não tenha obtido autorização prévia das autoridades competentes da referida Parte Contratante.

2 – Essa autorização só será dada se as autoridades competentes acima referidas se tiverem certificado previamente de que a autorização relativa à transacção em causa foi concedida à referida pessoa pelas autoridades competentes da Parte Contratante onde tenha a sua residência.

3 – Se essa pessoa entrar na posse de uma arma de fogo no território da Parte Contratante onde se efectua a transacção, a autorização referida no n.º 1 só será concedida nos termos e condições em que seria concedida uma autorização para uma transacção entre residentes da parte Contratante em causa. Se a arma de fogo for imediatamente exportada, as autoridades referidas no n.º 1 apenas serão obrigadas a certificar-se de que as autoridades da Parte Contratante em cujo território a pessoa reside autorizaram essa transacção específica ou idênticas transacções em geral.

4 – As autorizações referidas nos n.os 1 e 2 do presente artigo poderão ser substituídas por uma licença internacional.

ARTIGO 11.º

Qualquer Estado, no momento do depósito do seu instrumento de ratificação, aceitação, aprovação ou adesão, indicará qual das suas autoridades é competente para emitir as autorizações referidas no n.º 2 do artigo 10.º. Notificará imediatamente o Secretário-Geral do Conselho da Europa de qualquer modificação ulterior da identidade dessas autoridades.

CAPÍTULO IV
Disposições finais

ARTIGO 12.º

1 – A presente Convenção fica aberta à assinatura dos Estados membros do Conselho da Europa. Será submetida a ratificação, aceitação ou aprovação. Os instrumentos de ratificação, aceitação ou aprovação serão depositados junto do Secretário-Geral do Conselho da Europa.

2 – A Convenção entrará em vigor no primeiro dia do mês seguinte ao termo de um período de 3 meses a contar da data do depósito do terceiro instrumento de ratificação, aceitação ou aprovação.

3 – No que se refere a qualquer Estado signatário que a ratifique, aceite ou aprove posteriormente, a presente Convenção entrará em vigor no primeiro dia do mês seguinte ao termo de um período de 3 meses a contar da data do depósito do seu instrumento de ratificação, aceitação ou aprovação.

ARTIGO 13.º

1 – Após a entrada em vigor da presente Convenção, o Comité de Ministros do Conselho da Europa poderá convidar qualquer Estado não membro do Conselho a aderir à presente Convenção. A decisão relativa a esse convite será tomada em conformidade com o artigo 20.º, alínea *d)*, do Estatuto do Conselho da Europa e deverá ter o acordo unânime dos Estados membros do Conselho da Europa que sejam Partes Contratantes na Convenção.

2 – A adesão efectuar-se-á mediante o depósito, junto do Secretário-Geral do Conselho da Europa, de um instrumento de adesão, que produzirá efeito 3 meses após a data do seu depósito.

ARTIGO 14.º

1 – Qualquer Estado poderá, no momento da assinatura ou do depósito do seu instrumento de ratificação, aceitação, aprovação ou adesão, designar o território ou territórios a que se aplicará a presente Convenção.

2 – Qualquer Estado poderá, no momento do depósito do seu instrumento de ratificação, aceitação, aprovação ou adesão ou em qualquer momento posterior, tornar extensiva a aplicação da presente Convenção, mediante declaração dirigida ao Secretário-Geral do Conselho da Europa, a qualquer outro território designado na declaração cujas relações internacionais assegure ou pelo qual se encontre habilitado a negociar.

3 – Qualquer declaração feita ao abrigo do número anterior poderá ser retirada, no que respeita a qualquer

território designado na declaração, mediante notificação dirigida ao Secretário-Geral. A retirada produzirá efeito 6 meses após a data de recepção da notificação pelo Secretário-Geral.

ARTIGO 15.º

1 – Qualquer Estado poderá, no momento da assinatura ou do depósito do seu instrumento de ratificação, aceitação, aprovação ou adesão, declarar que fará uso de uma ou mais das reservas constantes do anexo II à presente Convenção.

2 – Qualquer Parte Contratante que tenha formulado uma reserva ao abrigo do número anterior poderá retirá-la, total ou parcialmente, mediante declaração dirigida ao Secretário-Geral do Conselho da Europa, que produzirá efeito na data da sua recepção.

3 – A Parte Contratante que tenha formulado uma reserva ao abrigo do n.° 1 do presente artigo não poderá exigir a aplicação, por outra Parte, da disposição que tenha sido objecto da reserva; poderá, no entanto, caso a reserva seja parcial ou conditional, exigir a aplicação dessa disposição na justa medida em que ela própria a tenha aceite.

ARTIGO 16.º

1 – As Partes Contratantes só poderão concluir entre si acordos bilaterais ou multilaterais relativos às questões regidas pela presente Convenção para completar as disposições desta ou para facilitar a aplicação dos princípios nela contidos.

2 – Contudo, se duas ou mais Partes Contratantes tiverem estabelecido ou vierem a estabelecer relações com base numa legislação uniforme ou num regime particular que lhes imponha obrigações mais vastas, terão a faculdade de regular as suas relações mútuas nesse domínio, baseando-se unicamente nesses sistemas, não obstante as disposições da presente Convenção.

3 – As Partes Contratantes que venham a excluir das suas relações mútuas a aplicação da presente Convenção, em conformidade com o n.º 2 do presente artigo, deverão dirigir, para o efeito, uma notificação ao Secretário-Geral do Conselho da Europa.

ARTIGO 17.º

1 – O Comité Europeu para os Problemas Criminais do Conselho da Europa acompanhará a execução da presente Convenção e facilitará, tanto quanto necessário, a resolução amigável de qualquer dificuldade emergente dessa execução.

2 – O Comité Europeu para os Problemas Criminais poderá, em função da evolução técnica, social e económica, formular e submeter ao Comité de Ministros do Conselho da Europa propostas com vista a emendar ou completar as disposições da presente Convenção e, designadamente, modificar o conteúdo do anexo I.

ARTIGO 18.º

1 – Em caso de guerra ou noutras circunstâncias excepcionais, qualquer Parte Contratante poderá fixar regras que derroguem temporariamente as disposições da presente Convenção e que tenham efeito imediato. Notificará, sem demora, o Secretário-Geral do Conselho da Europa dessa derrogação e do seu termo.

2 – Qualquer Parte Contratante poderá denunciar a presente Convenção, mediante notificação dirigida ao Secretário-Geral do Conselho da Europa. A denúncia produzirá efeito 6 meses após a data da recepção da notificação pelo Secretário-Geral.

ARTIGO 19.º

O Secretário Geral do Conselho da Europa notificará aos Estados membros do Conselho, assim como a qualquer Estado que tenha aderido à presente Convenção:

a) As assinaturas;

b) O depósito de quaisquer instrumentos de ratificação, aceitação, aprovação ou adesão;

c) As datas da entrada em vigor da presente Convenção, nos termos dos seus artigos 12.º e 13.º;

d) As declarações ou notificações recebidas nos termos do disposto no n.º 3 do artigo 9.º;

e) As declarações ou notificações recebidas nos termos do disposto no artigo 11.º;

f) As declarações ou notificações recebidas nos termos do disposto no artigo 14.º;

g) As reservas formuladas nos termos do disposto no n.º 1 do artigo 15.º;

h) A retirada de qualquer reserva efectuada ao abrigo do disposto no n.º 2 do artigo 15.º;

i) As notificações recebidas nos termos do disposto no n.º 3 do artigo 16.º e relativas a uma legislação uniforme ou a um regime particular;

j) As notificações recebidas nos termos do disposto no n.º 1 do artigo 18.º e a data em que, conforme os casos, a derrogação é feita ou termina;

k) As notificações recebidas nos termos do disposto no n.º 2 do artigo 18.º e a data em que a denúncia produzirá efeito.

Em fé do que os abaixo assinados, devidamente autorizados para o efeito, assinaram a presente Convenção.

Feita em Estrasburgo, aos 28 dias do mês de Junho de 1978, em francês e inglês, fazendo ambos os textos igualmente fé, num único exemplar, que será depositado nos arquivos do Conselho da Europa. O Secretário-Geral do Conselho da Europa enviará cópia certificada a cada um dos Estados signatários e aderentes.

(Seguem-se as assinaturas.)

ANEXO I

A) Para os fins da presente Convenção o termo «arma de fogo» significa:

1) – Todo e qualquer objecto que: i) seja concebido ou adaptado para servir de arma, por meio da qual chumbo, bala, ou outro projéctil, ou uma substância nociva gasosa, líquida ou outra possa ser descarregada por meio de uma pressão explosiva, gasosa ou atmosférica ou por meio de outros agentes propulsores, e ii) corresponda a uma das descrições específicas que se seguem, entendendo-se que as alíneas *a)* a *f)*, inclusivé, e *i)* só abrangem os objectos de propulsão explosiva:

a) Armas automáticas;
b) Armas curtas semiautomáticas, de repetição ou tiro único;
c) Armas longas semiautomáticas ou de repetição com um cano estriado, pelo menos;
d) Armas longas de tiro único com um cano estriado, pelo menos;
e) Armas longas semiautomáticas ou de repetição somente com cano(s) liso(s);
f) Lança-foguetes portáteis;
g) Quaisquer armas ou outros instrumentos concebidos de modo a causar um perigo para a vida ou a saúde das pessoas pela projecção de substâncias estupefacientes, tóxicas e corrosivas;
h) Lança-chamas destinados a atacar ou a defender;
i) Armas longas de um tiro somente com cano(s) liso(s);
j) Armas longas com propulsão a gás;
k) Armas curtas com propulsão a gás;
l) Armas longas com propulsão de ar comprimido;
m) Armas curtas com propulsão de ar comprimido;
n) Armas que atirem projécteis impulsionados somente através de uma mola.

Considera-se excluído deste n.º 1 qualquer objecto que, em princípio, nele seria integrado, mas que:

i) Se tenha tornado definitivamente impróprio para utilização;
ii) Pela sua fraca potência, não seja submetido a controle no país de origem;

iii) Seja concebido para efeitos de alarme, sinalização, salvamento, abate, caça ou pesca de arpão ou destinado a fins industriais ou técnicos, desde que só possa ser utilizado para a finalidade expressamente indicada:

iv) Pela sua antiguidade, não seja submetido a controle no país de origem.

2) – O mecanismo de propulsão, a câmara, o tambor ou o cano de qualquer dos objectos compreendidos no n.º 1;

3) – Qualquer munição expressamente destinada a ser descarregada por um dos objectos referidos nas alíneas *a)* a *f)*, inclusivé, *i)*, *j)*, *k)* ou *n)* do n.º 1 e qualquer substância ou matéria expressamente destinada a ser descarregada por um dos instrumentos referidos na alínea *g)* do n.º 1;

4) – As miras telescópicas com raio de luz ou os telescópios com amplificador electrónico para luz infravermelha ou luz residual, desde que sejam destinados a ser montados num dos objectos referidos no n.º 1;

5) – O silenciador destinado a ser montado num dos objectos referidos no n.º 1;

6) – Qualquer granada, bomba ou outro projéctil contendo um dispositivo explosivo ou incendiário.

B) Para os fins do presente anexo:

a) «Arma automática» designa uma arma susceptível de disparar por rajadas cada vez que o gatilho é premido;

b) «Arma semiautomática» designa uma arma que dispara um projéctil cada vez que o gatilho é premido;

c) «Arma de repetição» designa uma arma em que, além do gatilho, deve ser accionado um mecanismo cada vez que a arma é disparada;

d) «Arma de tiro único» designa uma arma cujo cano ou canos devem ser carregados antes de cada tiro;

e) «Arma curta» designa uma arma cujo cano não ultrapassa 30 cm ou cujo comprimento total não excede 60 cm;

f) «Arma longa» designa uma arma cujo cano ultrapassa 30 cm e cujo comprimento total excede 60 cm.

ANEXO II

Qualquer Estado pode declarar que se reserva o direito:

a) De não aplicar o capítulo II da presente Convenção relativamente a um ou mais dos objectos compreendidos nas alíneas *i)* a *n)*, inclusivé, do n.º 1 ou nos n.os 2, 3, 4, 5 ou 6 do anexo I à presente Convenção;

b) De não aplicar o capítulo III da presente Convenção;

c) De não aplicar o capítulo III da presente Convenção relativamente a um ou mais dos objectos compreendidos nas alíneas *i)* a *n)* do n.º 1 ou nos n.os 2, 3, 4, 5 ou 6 do anexo I à presente Convenção;

d) De não aplicar o capítulo III da presente Convenção às transacções entre armeiros residentes nos territórios de 2 Partes Contratantes.

DECRETO-LEI N.º 399/93
de 3 de Dezembro

O mercado interno da Comunidade Europeia, sendo um espaço sem fronteiras no qual é assegurada a livre circulação das mercadorias, pressupõe, designadamente, uma aproximação das legislações nacionais com vista à supressão dos controlos sistemáticos da detenção de armas de fogo.

Contudo, não pode deixar de exigir-se uma regulamentação eficaz que permita o controlo, no interior dos Estados membros, da aquisição e da detenção de armas de fogo e da sua transferência para outro Estado membro.

Assim:

Nos termos da alínea *a)* do n.º 1 do artigo 201.º da Constituição, o Governo decreta o seguinte:

ARTIGO 1.º
Objecto e âmbito de aplicação

1 – O presente diploma transpõe para o direito interno a Directiva nº 91/477/CEE, do Conselho, de 18 de Junho, relativa ao controlo da aquisição e da detenção de armas.

2 – O disposto no presente diploma não é aplicável aos militares das forças armadas nem aos agentes das forças e serviços de segurança quando no exercício das suas funções.

ARTIGO 2.º
Cartão europeu de arma de fogo

1 – O cartão europeu de arma de fogo é o documento que habilita o seu titular a deter e usar uma ou mais armas de fogo em qualquer Estado membro da Comunidade Europeia, desde que autorizado pelo Estado membro de destino.

2 – O cartão europeu de arma de fogo é emitido a quem detenha licença ou autorização de uso e porte de arma, bem como a quem esteja isento de licença ou autorização, nos termos da lei.

3 – Em Portugal, o cartão europeu de arma de fogo é emitido pelo Comando-Geral da Policia de Segurança Pública, mediante o pagamento de uma taxa de montante a fixar por portaria conjunta dos Ministros da Administração Interna e das Finanças.

4 – O cartão europeu de arma de fogo é válido por cinco anos, podendo este prazo ser prorrogado por iguais períodos, desde que continuem a verificar-se os requisitos que levaram à sua emissão.

5 – O comandante-geral da Polícia de Segurança Pública pode determinar, a todo o tempo, a apreensão do cartão europeu de arma de fogo, por motivos de segurança e ordem públicas de especial relevo.

6 – O cartão europeu de arma de fogo é do modelo constante no anexo I ao presente diploma, do qual faz parte integrante.

ARTIGO 3.º

Vistos

1 – Em Portugal, a autorização referida no n.º 1 do artigo anterior reveste a forma de visto prévio e deve ser requerida ao Ministério da Administração Interna, cabendo a sua aposição no cartão europeu de arma de fogo ao Comando-Geral da Polícia de Segurança Pública.

2 – A concessão do visto prévio está sujeita ao pagamento de taxa de montante a fixar na portaria a que se refere o n.º 3 do artigo anterior.

ARTIGO 4.º

Aquisição e transferência de armas de fogo

1 – A aquisição e transferência de armas de fogo de Portugal para um Estado membro ou de um Estado mem-

bro para Portugal está sujeita a autorização constante dos modelos dos anexos II e III ao presente diploma, do qual fazem parte integrante, a emitir pelo Comando-Geral da Polícia de Segurança Pública, mediante o pagamento das taxas previstas na tabela A-I anexa ao regulamento aprovado pelo Decreto-Lei n.º 37 313, de 21 de Fevereiro de 1949.

2 – A autorização referida no número anterior deve acompanhar sempre a arma ou armas de fogo até ao ponto de destino e deve ser apresentada sempre que solicitada pelos agentes das forças e serviços de segurança.

ARTIGO 5.º

Actualização das taxas e emolumentos

As taxas e emolumentos previstos no regulamento e nas tabelas anexas ao regulamento aprovado pelo Decreto-Lei n.º 37 313, de 21 de Fevereiro de 1949, com a actualização efectuada pelo Decreto-Lei n.º 131/82, de 23 de Abril, são elevadas para o quíntuplo.

ARTIGO 6.º

Equiparação de transgressões a contra-ordenações

Todos os factos tipicamente descritos como transgressões no Decreto-Lei n.º 37 313, de 21 de Fevereiro de 1949, passarão a considerar-se como contra-ordenações e a reger-se, em tudo, pelas normas do presente diploma e do regime geral vigente.

ARTIGO 7.º

Montante das coimas

1 – Os montantes mínimos e máximos das multas previstas no Decreto-Lei n.º 37 313, de 21 de Fevereiro de 1949, são elevados ao triplo, constituindo coima a aplicar pelo Comando-Geral da Polícia de Segurança Pública.

2 – Excepcionam-se do disposto do número anterior as multas previstas nos artigos 37.º, 41.º, 42.º, 63.º, 70.º

e 71.º do mesmo diploma, que passam a constituir coimas cujos limites mínimo e máximo são, respectivamente, de 5000$00 e 15 000$00.

3 – As coimas aplicáveis às pessoas colectivas são elevadas até ao montante máximo de 300.000$00.

4 – A tentativa e a negligência são puníveis.

ARTIGO 8.º

Produto das coimas

O produto das coimas aplicadas nos termos do presente diploma reverte:

a) Em 10%, para a entidade autuante;
b) Em 30%, para a Polícia de Segurança Pública;
c) Em 60%, para o Estado.

ARTIGO 9.º

Sanções acessórias

1 – Cumulativamente com a coima podem ser aplicadas as seguintes sanções acessórias:

a) Apreensão de armas e munições;
b) Interdição do exercício da profissão ou actividade de comerciante, importador ou fabricante de armas ou munições;
c) Privação do direito de participar em feiras, mercados e competições desportivas;
d) Apreensão das licenças de detenção, uso e porte de arma e de alvará;
e) Encerramento do estabelecimento.

2 – Quando sejam aplicadas as sanções acessórias previstas nas alíneas *d)* e *e)* do número anterior, a reabertura do estabelecimento e a emissão ou renovação da licença ou alvará só terão lugar quando se encontrarem reunidas as condições legais e regulamentares exigidas.

ARTIGO 10.º

Normas técnicas

As normas técnicas de execução do presente diploma são objecto de portaria do Ministro da Administração Interna.

ARTIGO 11.º

Direito subsidiário

Em tudo o que não contrariar o presente diploma, aplica-se subsidiariamente o regulamento aprovado pelo Decreto-Lei n.º 37 313, de 21 de Fevereiro de 1949.

Visto e aprovado em Conselho de Ministros de 14 de Outubro de 1993. - *Aníbal António Cavaco Silva* - *Manuel Dias Loureiro* - *Jorge Braga de Macedo.*

Promulgado em 11 de Novembro de 1993.

Publique-se.

O Presidente da República, MÁRIO SOARES.

Referendado em 12 de Novembro de 1993.

O Primeiro-Ministro, *Aníbal António Cavaco Silva.*

REPÚBLICA PORTUGUESA

CARTÃO EUROPEU DE ARMA DE FOGO
CARTE EUROPEENNE D'ARMES A FEU
EUROPAEISK VÅBENPAS
EUROÄISCHER FEUERWAFFENPASS
TARTEJA EUROPEA DE ARMAS DE FUEGO
Ευρωπαϊκό δελτίο πυροβόλου όπλου
EUROPEAN FIREARMS PASS
CARTA EUROPEA ARMI DA FUOCO
EUROPESE VUURWAPENPAS

---

1 Menções relativas ao titular

1.1 APELIDO E NOME

1.2 DATA E LOCAL DE NASCIMENTO

1.3 NACIONALIDADE

1.4 ENDEREÇO

1.5 ASSINATURA DO TITULAR

2 Menções relativas ao cartão

2.1 N.º DO CARTÃO

2.2 VALIDO ATÉ

2.3 CARIMBO DA AUTORIDADE

DATA

2.4 VALIDADE PRORROGADA ATÉ

2.5 CARIMBO DA AUTORIDADE

DATA

MODELO

3 Identificação das armas de fogo

	Calibre	Tipo	Marca	N.º de fabricante	Categoria da directiva	Arma inscrita	Carimbo da autoridade
3.1							
3.2							
3.3							
3.4							
3.5							
3.6							
3.7							
3.8							
3.9							
3.10							

MODELO

4 Referências das autorizações respeitantes às armas

Arma	Autorizado a	Até	Carimbo da autoridade

5 Vistos dos Estados-membros visitados

Arma	Validade da autorização	Carimbo da autoridade e data

6 Informações relativas às deslocações intracomunitárias

- O direito de efectuar uma viagem de um Estado-membro para outro com uma ou várias armas das categorias B, C ou D mencionadas no presente cartão, está subordinado a uma ou várias autorizações prévias do Estado-membro visitado. Esta autorização ou autorizações podem constar do presente cartão, parte 6 ao lado.
- A autorização prévia acima referida não é, em princípio, necessária para efectuar uma viagem com uma arma de categoria C ou D, destinada à prática da caça ou com uma arma de categoria B, C ou D, destinada à prática do tiro desportivo, com a condição de possuir cartão da arma e de poder justificar o motivo da viagem.
- Resulta das informações dadas, em conformidade com o artigo 8 parágrafo 3 da directiva, pelos Estados-membros que interditam ou submetem a autorização no seu território a aquisição e detenção de uma arma das categorias B, C ou D que:

6.1 UMA VIAGEM EM ______ COM A ARMA ______
É INTERDITO.

6.2 UMA VIAGEM EM ______ COM A ARMA ______
É SUBMETIDO A AUTORIZAÇÃO

6.1 UMA VIAGEM EM ______ COM A ARMA ______
É INTERDITO.

6.2 UMA VIAGEM EM ______ COM A ARMA ______
É SUBMETIDO A AUTORIZAÇÃO

6.1 UMA VIAGEM EM ______ COM A ARMA ______
É INTERDITO.

6.2 UMA VIAGEM EM ______ COM A ARMA ______
É SUBMETIDO A AUTORIZAÇÃO

Glossário

1. Menções relativas ao titular
Mentions relatives au titulaire
Oplysninger om indehaveren
Angaben zum Paßinhaber
Datos sobre el titular
Στοιχεία μου αφορουνο
Details of the holder
Indicazioni relative al titolare
Vermeldingen betreffende de houder

1.1 Apelido e nome
Nom et prénom
Efternavn og fornavn
Name und Vorname
Nombre y apellidos
Επωνυμο και ονομα
Surname and given names
Cognome e nome
Naam en voornaam

1.2 Data e local de nascimento
Date e lieu de naissance
Ημερομηνια και τοπος γεννησης
Geburtsdatum und ort
Fecha y lugar de nacimiento
Fodselsdato og sted
Date and palce of birth
Luogo e data di nascita
Geboorteplaats en datum

1.3 Nacionalidade
Nationalité
Εθνικότητα
Staatsangehörigkeit
Nacionalidad
Nationalitet
Nationality
Nazionalità
Nationaliteit

1.4 Endereço
Adresse
Bopzl
Anschrift
Direccion
Διευθυνση
Adress
Indirizzo
Adres

1.5 Assinatura do titular
Signature du titulaire
Indehaverens underskrift
Unterschrift des Paßinhabers
Firma del titular
Υπογραφη κατοχου
Holder's signature
Firma del titolare
Handtekening van de houder

2. Menções relativas ao cartão
Mentions relatives a la carte
Oplysninger om passet
Angaben zum Feuerwffenpaß
Datos de la tarteja
Στοιχεια που αφορουν το δελτιο
Details of the pass
Indicazioni relative alla carta
Vermeldingen betreffende de pas

2.1 N.º do cartão
Nº de la carte
Passets nr.
Paßnummer
Nº de tarjeta
Αριθ δελτιου
Pass number
N della carta
Nummer van de pas

2.2 Válido até
Valable jusqu'au
Gyldig indtil
Gültig bis
Valida hasta
Ισχυει μεχρι
Valid until
Valida fino al
Geldig tot

2.3 Carimbo da autoridade
Sceau de l'autorité
Myndighedens stempel
Stempel der Behör de
Sello de la autoridad
ΣφραΥιδα της εκδουσας αρχης
Authority's stamp
Timbro dell'autorità
Stempel van de bevoedge autoriteit

2.4 Validade prorrogada até
Validité prorogée au
Gyldighrden for izngel indtil
Gültigkeit verlänert bis
Validez prorrogada hasta
Παρατεινεται μεχρι
Validity extended until
Proroga della validità fino al
Geldigheid verlengd op

2.5 Carimbo da autoridade
Sceau de l'autorité
Mynndighedens stempel
Stempel der Behörde
Sello de la autoridad
ΣφραΥιδα της εκπνυσας αρχης
Authority's stamp
Timbro dell'autorità
Stempel van de bevoegde autoriteit

3. Identificação das armas de fogo
Identification des armes à feu
Identifikation al skydevåbene
Kenndaten der Feuerwaffen
Identificacion de las armas de fuego
Προζδιοριομο του πυροβολουοπλου
Fiearm particulars
Identificazione delle armi da fuoco
Identificatie van vuurwapens

4. Menções relativas às armas de fogo
Mentions relatives aux armes à feu
Oolysninger om skydevåbene
Angaben zu den Feuerwaffen
Datos sobre las armas de fuego
Στοιχεια για πυροβολο οπλο
Endorsements
Indicazioni relative alle armi da fuoco
Vermeldingen betreffende de vuurwapens

4.1 Autorizações (armas de categoria B)
Autorisations (armes de catégorie B)
Tilladelser (våben i Kategori B)
Genehmigungen (Waffen der Kategorie B)
Autorizaciones (armas de categoria B)
Αδειες ο (πλα κατηγοριας B)
Autthorizations (category B firearms)
Autorizzazione (armi di categorie B)
Vergunningen (wapens van categorie B)

5. Vistos dos Estados-membros visitados
Visas des Atats membres visités
De besogle medlemsstaters påtegninger
Sichtvermerke der besuchten Mitgliedstaaten
Visado delos Estados miembros visitados
Θεωρησει των επισκεφθεντων κρατων μελων
Visas of member Sates visited
Visti degli Stati membri visitati
Visa van de bezochte Lid Staten

6. Informações relativas às deslocações intracomunitárias
Informations relatives aux déplacements intracommunautaires
Oplysninger om reiser inden for Fællesskabet
Informationen Für Reisen innerhalb der Gemeinschaft
Datos sobre desplazamientos intracomunitários
Πληροφοριες Υπ την κυκλοφορια οπλων στην κοινοτητα
Information on travelling vithin the Community
Indicazioni relative agli spostamenti intracomunitari
Inlichtlinngen betreffende intracomunautaire v erplaatsinngen

ACORDO PRÉVIO PARA TRANSFERÊNCIA DE ARMAS DE FOGO

(Artigo 11 § 4 da Directiva 91/477)

MODELO

1. Estado membro de expedição	**2. Estado membro de destino**
3. Expedidor	**4. Destinatário**
☐ particular ☐ armeiro	☐ particular ☐ armeiro
Apelido e nome	Apelido e nome
Local e data de nascimento	Local e data de nascimento
Passaporte/Bilhete de Identidade nº.	Passaporte/Bilhete de Identidade nº. ....
emitido em	emitido em ....
pelo	pelo ....
Firma social	Firma social
Nº. de Identificação	Nº. de Identificação
Autorização/Declaração	
Endereço	Endereço (ou Sede)
Nº. Tel.:	Nº. Tel.:
Nº. Fax:	Endereço de entrega

5 Armas: Anexo: ☐ Sim ☐ Não

Nº	Categoria Directiva	Tipo	Marca/Modelo	Calibre	Outras características	Prova CIP	Nº. de Identificação

6. Requerente	**7. Despacho do Estado membro de expedição**
Apelido e nome	Acordo prévio
Estado civil	☐ indeferido
Endereço	☐ deferido válido até ...
Data	Data
Assinatura	

MOD. I-370/CG

1

AUTORIZAÇÃO DE TRANSFERÊNCIA DE ARMAS DE FOGO

(Artigo 11 § 2 da Directiva 91/477)

1. **Estado membro de expedição**	2. **Estado membro de destino**
3. **Expedidor** ☐ particular ☐ armeiro Apelido e nome Local e data de nascimento Passaporte/Bilhete de Identidade nº. .... emitido em .... pelo .... Firma social Nº. de Identificação Autorização/Declaração Endereço Nº. Tel.: Nº. Fax:	4. **Destinatário** ☐ particular ☐ armeiro Apelido e nome Local e data de nascimento Passaporte/Bilhete de Identidade nº. .... emitido em .... pelo .... Firma social Nº. de Identificação Endereço Nº. Tel.:

MODELO

1

5 **Armas:** Anexo: ☐ Sim ☐ Não

Nº	Categoria directiva	Tipo	Marca/Modelo	Calibre	Outras características	Prova CIP	Nº. de Identificação

6. **Despacho do Estado membro de destino**

Acordo prévio

☐ Não é necessário para a arma/armas nº. ...
Referências da comunicação:

☐ Acordo (cópia junta) para a arma/armas nº. ...
Válido até ...

7. **Requerente** ☐ particular ☐ armeiro Apelido e nome Local e data de nascimento Endereço Nº. de Identificação Autorização/Declaração	8. **Despacho do Estado membro de expedição** Autorização dada Data

EXPEDIÇÃO

9. **Modalidades de expedição** Expedidor Data de expedição Data prevista de chegada Estados membros atravessados	10. **Visto do Estado membro de saída**

MOD. 1-369/CG

PORTARIA N.º 1322/93, de 31 de Dezembro

O Decreto-Lei n.º 399/93, de 3 Dezembro, que procede à transposição para a ordem jurídica interna da Directiva do Conselho n.º 91/477/CEE, de 18 de Junho de 1991, relativa ao controlo da aquisição e da detenção de armas de fogo, prevê no n.º 3 do artigo 2.º e no n.º 2 do artigo 3.º a fixação, por portaria conjunta do Ministro da Administração Interna e do Ministro das Finanças, dos montantes da taxa de emissão do cartão europeu de arma de fogo e da taxa de aposição do visto prévio no cartão europeu, que habilita o seu titular a deter e usar uma ou mais armas de fogo em Portugal.

Manda o Governo, pelos Ministros da Administração Interna e das Finanças, o seguinte:

1.º – A emissão do cartão europeu de arma de fogo pelo Comando-Geral da Polícia de Segurança Pública a quem tenha licença ou autorização de uso e porte de arma, bem como a quem esteja isento de licença ou autorização, nos temos da lei, está sujeita ao pagamento de uma taxa de 10.000$00.

2.º – A aposição do visto prévio no cartão europeu de arma de fogo, que habilita o seu titular a deter e usar uma ou mais armas de fogo em território nacional, da competência do Comando-Geral da Polícia de Segurança Pública, está sujeita ao pagamento de uma taxa de 1000$.

Ministérios da Administração Interna e das Finanças.

Assinada em 2 de Dezembro de 1993.

O Ministro da Administração Interna, *Manuel Dias Loureiro*. - Pelo Ministro das Finanças, *Maria Manuela Dias Ferreira Leite*, Secretária de Estado Adjunta e do Orçamento.

IMPORTAÇÃO TEMPORÁRIA DE ARMAS

DECRETO-LEI N.º 49 439
de 15 de Dezembro de 1969

O crescente incremento do turismo e o número cada vez maior de estrangeiros que procuram o nosso país no intuito de se dedicarem à prática do desporto cinegético ou à contraparticipação em torneios de tiro a chumbo levam a considerar necessária a instituição de um regime de facilidades para as suas armas e munições, graças ao qual se possa permitir a respectiva entrada e saída do território nacional sem a morosidade e encargos impostos pela legislação vigente, muito embora não se descurando os legítimos interesses da Fazenda Nacional.

Para atingir esta finalidade, dá-se competência às estâncias aduaneiras funcionando quer na fronteira terrestre, quer nos aeroportos internacionais e gares marítimas, para emitir um documento que servirá, simultaneamente, de manifesto do armamento e de licença para o seu uso e porte, bem como da situação aduaneira regular no País.

Usando da faculdade conferida pela 1.ª parte do n.º 2 do artigo 109.º da Constituição, o Governo decreta e eu promulgo, para valer como lei, o seguinte:

ARTIGO 1.º

Aos turistas que se desloquem a Portugal para a prática do desporto da caça ou para a comparticipação em torneios de tiro a chumbo será facultada a entrada das respectivas armas, até ao máximo de seis, pelo prazo de sessenta dias, e munições, até quatrocentos cartuchos, mediante simples tomada de sinais para efeito de confrontações das referidas armas e das munições não utilizadas, aquando da sua saída.

ARTIGO 2.º

1 – As armas e munições serão desembaraçadas pela alfândega, mediante a tomada de sinais para futuras confrontações, em bilhete de caderneta – do modelo constante do exemplar anexo –, cujo duplicado será entregue ao passageiro como documento comprovativo da situação regular, no País, do citado armamento, e do seu manifesto, servindo ainda como licença para o seu uso e porte.

2 – Para garantia dos direitos e mais imposições, será depositada, pelo interessado, a importância de 1000$ por arma, cujo reembolso se efectuará quando se mostre comprovada a sua tempestiva saída.

3 – O depósito só será imediatamente restituído se a saída se efectuar pela mesma estância aduaneira que foi utilizada na entrada. Fora desta hipótese e não obstante a obrigação de apresentação da arma ou armas na estância aduaneira por onde se fizer a saída, a fim de esta ser devidamente legalizada, o depósito só será restituído dentro do prazo de sessenta dias, a contar da saída do passageiro, se este promover o seu recebimento através da Direcção-Geral do Turismo, a quem enviará, para tal fim, a respectiva cédula de depósito.

4 – Quando a saída das armas se efectuar por estância aduaneira diferente da de entrada, o talão do duplicado do bilhete será remetido a esta pela casa de despacho utilizada na saída.

ARTIGO 3.º

1 – O prazo a que se refere o artigo 1.º poderá, em casos devidamente justificados, ser prorrogado pelo Comando-Geral ou pelos Comandos Distritais da Polícia de Segurança Pública por mais dois períodos sucessivos de sessenta dias.

2 – As prorrogações serão averbadas no duplicado do bilhete de importação temporária, pela entidade que as conceder.

3 – O Comando que conceder uma prorrogação deverá comunicar esse facto no mais curto prazo à estância aduaneira que tiver emitido o bilhete de importação temporária.

ARTIGO 4.º

A não apresentação das armas, dentro do prazo fixado no artigo 1.º, implicará o procedimento fiscal inerente à sua indevida permanência no País.

Marcello Caetano – Alfredo de Queirós Ribeiro Vaz Pinto – Horácio José de Sá Viana Rebelo – António Manuel Gonçalves Rapazote – Mário Júlio Brito de Almeida Costa – João Augusto Dias Rosas – José Manuel Bethencourt Conceição Rodrigues – Manuel Pereira Crespo – Rui Alves da Silva Sanches – Joaquim Moreira da Silva Cunha – José Hermano Saraiva – Fernando Alberto de Oliveira – José João Gonçalves de Proença – Lopo de Carvalho Cancella de Abreu.

Promulgado em 26 de Novembro de 1969.

Publique-se.

Presidência da República, 15 de Dezembro de 1969. – AMÉRICO DEUS RODRIGUES THOMAZ.

Para ser presente à Assembleia Nacional.

DECRETO-LEI N.º 318/83
de 4 de Julho

No prosseguimento do esforço que o Governo tem vindo a desenvolver no combate à fraude e evasão fiscais;

Considerando que a prática tem demonstrado que as facilidades concedidas a turistas, no que respeita a importação temporária de armas e munições, têm conduzido a situações de abuso a que urge pôr termo, sem que, no entanto, se iniba o verdadeiro turista de demandar o nosso país para a prática do desporto cinegético;

Considerando, ainda, que algumas das disposições do Decreto-Lei n.º 49 439, publicado no *Diário do Governo*, 1.ª série, n.º 291, de 15 de Dezembro de 1969, que instituiu aquelas facilidades, se encontram manifestamente desactualizadas face às realidades do momento;

O Governo decreta, nos termos da alínea *a)* do n.º 1 do artigo 201.º da Constituição, o seguinte:

ARTIGO 1.º

O artigo 1.º, o n.º 2 do artigo 2.º, o n.º 3 do artigo 3.º e o artigo 4.º do Decreto-Lei n.º 49 439, de 15 de Dezembro de 1969, passam a ter a seguinte redacção:

Artigo 1.º – Aos turistas que se desloquem a Portugal para a prática do desporto de caça ou para a comparticipação em torneios de tiro a chumbo será facultada a entrada das respectivas armas, até ao máximo de 2, pelo prazo de 60 dias, e munições, até 200 cartuchos, mediante simples tomada de sinais para efeito de confrontações das respectivas armas e das munições não utilizadas, aquando da sua saída.

Artigo 2.º – 1 – ....

2 – Para garantia dos direitos e mais imposições, será depositada, pelo interessado, a importância de 30 000$, por arma, cujo reembolso se efectuará quando se mostre comprovada a sua tempestiva saída.

3 – ....

4 – ....

Artigo 3.º – 1 – ....

2 – ....

3 – O Comando que conceder uma prorrogação de prazo deverá comunicá-la, no prazo de 8 dias, à estância aduaneira que tiver emitido o bilhete de importação temporária.

Artigo 4.º – A permanência das armas no País, para além do prazo estabelecido no artigo 1.º, envolve, além da perda da importância prestada como garantia, o procedimento fiscal adequado.

ARTIGO 2.º

O modelo do impresso a que se refere o n.º 1 do artigo 2.º do Decreto-Lei n.º 49 439, de 15 de Dezembro de 1969, será substituído pelo do exemplar anexo.

ARTIGO 3.º

É aditado ao artigo 2.º do Decreto-Lei n.º 49 439, de 15 de Dezembro de 1969, o seguinte número:

5 – Quando se verifiquem as condições do número anterior e tiver sido excedido o prazo referido no n.º 3 sem que a importância do depósito haja sido reclamada, entrará a mesma, de imediato, em receita do Estado.

ARTIGO 4.º

O artigo 4.º do Decreto-Lei n.º 49 439, de 15 de Dezembro de 1969, na redacção que lhe foi dada pelo artigo 1.º do presente Decreto-Lei, aplica-se às situações pendentes de não apresentação de armas, cujos prazos se encontrem excedidos.

Visto e aprovado em Conselho de Ministros de 12 de Maio de 1983. – *Gonçalo Pereira Ribeiro Teles* – *João Maurício Fernandes Salgueiro.*

Promulgado em 26 de Maio de 1983.
Publique-se.
O Presidente da República, ANTÓNIO RAMALHO EANES.

Referendado em 30 de Maio de 1983.

O Primeiro-Ministro, *Francisco José Pereira Pinto Balsemão.*

ANEXO AO DECRETO-LEI N.º 318/83

Caderneta n.º.....

Folha n.º.....

BILHETE
(Fica junto ao corpo da Caderneta)

ALFÂNDEGA D...

Delegação Aduaneira D...

Entrada mediante simples tomada de confrontações

De harmonia com o disposto no Decreto-Lei n.º 49 439, de 15 de Dezembro de 1969, com a redacção que lhe foi dada pelo Decreto-Lei n.º 318/83, de 4 de Julho, é autorizada a entrada e saída, pelo prazo de 60 dias, das armas e munições cujas características, para futuras confrontações, a seguir se discriminam:

...

...

pelo que se lhe passou o presente documento como prova da situação regular, no País, do citado armamento e do seu manifesto, servindo ainda como licença para o seu uso e porte, nos termos do artigo 2.º do referido Decreto-Lei.

O portador das referidas armas, Sr. ... de nacionalidade ..., portador do passaporte n.º ..., emitido em .../.../..., em ..., com domicílio em Portugal em ...., depositou, conforme a respectiva guia, para garantia dos direitos e mais imposições – e à razão de 30 000$00 por cada arma –, a quantia de ...$ (... escudos), que lhe será restituída quando se efectuar a saída das armas em causa, a qual deverá ter lugar até .../.../19...

Delegação Aduaneira de ..., em ... de... de 19...
O Chefe,
...

Entrada da mercadoria no País em .../.../19...
Prorrogações concedidas pela PSP (artigo 3.º do Decreto-Lei n.º 49 439):

1.ª Por 60 dias, pelo Comando ..., em .../.../19...
2.ª Por 60 dias, pelo Comando ..., em .../.../19...

Saída da mercadoria do País em .../.../19..., pela Delegação Aduaneira d...

Em .../.../19...

O Chefe,
...

Observações:

1) O depósito só será imediatamente restituído se a saída se efectuar pela mesma estância aduaneira que foi utilizada na entrada. Fora desta hipótese, e não obstante a obrigação de apresentação da arma ou armas na estância aduaneira por onde se fizer a saída, a fim de esta ser devidamente legalizada, o depósito só será restituído dentro do prazo de 60 dias a contar da saída do passageiro, se este promover o seu recebimento através da Direcção-Geral do Turismo, a quem enviará, para tal fim, a respectiva cédula de depósito.

2) Quando a saída das armas se efectuar por estância aduaneira diferente da de entrada, o talão do duplicado do bilhete será remetido a esta pela casa de despacho utilizada na saída.

3) A não apresentação das armas dentro do prazo fixado no artigo 1.º do Decreto-Lei n.º 49 439 implicará, além da perda da importância prestada como garantia, o procedimento fiscal inerente à sua indevida permanência no País.

ARMAS DE USO RESERVADO

DECRETO-LEI N.º 237/82
de 19 de Junho

O Decreto-Lei n.º 207-A/75, de 17 de Abril, pretendeu pôr termo a uma situação de posse indiscriminada de armas de fogo que nessa altura se fez sentir, fruto de circunstâncias várias, entre as quais avultou o regresso de bastantes cidadãos oriundos das antigas províncias ultramarinas.

Assim, logo no n.º 4 do artigo 1.º do citado diploma se previu que o uso e porte de arma por elementos das forças militarizadas seria objecto de diploma especial.

Apesar disso, têm vindo os tribunais, nalguns casos, a aplicar o seu articulado aos elementos das forças de segurança, com grave prejuízo da operacionalidade e definição funcional daquelas forças.

Urge, portanto, corrigir a actual situação.

Nestes termos:

O Governo decreta, nos termos da alínea *a)* do n.º 1 do artigo 201..º da Constituição, o seguinte:

ARTIGO ÚNICO

Não é aplicável o disposto no Decreto-Lei n.º 207-A/75, de 17 de Abril, aos elementos das forças de segurança, mesmo fora das horas normais de serviço, desde que as armas lhes tenham sido fornecidas pelo Estado.

Visto e aprovado em Conselho de Ministros de 20 de Maio de 1982. - *Francisco José Pereira Pinto Balsemão.*

Promulgado em 8 de Junho de 1982.
Publique-se.

O Presidente da República, ANTÓNIO RAMALHO EANES.

DECRETO-LEI N.º 364/83
de 28 de Setembro

O presente decreto-lei dá cumprimento ao disposto no n.º 4 do artigo 1.º do Decreto-Lei n.º 207-A/75, de 17 de Abril, ao regular o uso de armas de fogo pelo pessoal da Polícia de Segurança Pública.

Sobretudo depois que o Decreto-Lei n.º 458/82, de 24 de Novembro, veio disciplinar esse uso pelo pessoal da Polícia Judiciária - aliás em termos em tudo paralelos -, era uma lacuna difícil de explicar e que colocava algumas interrogações.

Não está em causa a necessidade do uso. Apenas a imprescindibilidade de o confinar aos justos limites da sua justificação, excluindo o abuso.

Nestes termos:

O Governo decreta, nos termos da alínea *a)* do n.º 1 do artigo 201.º da Constituição o seguinte:

ARTIGO 1.º

O pessoal da Polícia de Segurança Pública tem direito ao uso e porte de arma de fogo de qualquer calibre e modelo, independentemente de licença, desde que lhe seja distribuída pelo Estado.

ARTIGO 2.º

1 – Além da sua utilização com finalidade de instrução e em locais próprios, o recurso a arma de fogo só é permitido como medida de extrema coacção ou de legítima defesa, adequada às circunstâncias, designadamente:

a) Contra agressão iminente ou em execução, ou tentativa de agressão, dirigida contra o próprio agente da autoridade, contra o seu posto de serviço ou contra terceiros;

b) Para efectuar a captura ou impedir a fuga de indivíduo fortemente suspeito de haver cometido crime grave, designadamente quando faça uso ou disponha de armas de fogo, bombas, granadas, explosivos ou armas brancas;

c) Para efectuar a prisão de indivíduo evadido ou objecto de ordem de captura pela prática de crime a que corresponda pena superior a três anos de prisão ou para impedir a fuga de indivíduo regularmente preso ou detido;

d) Para libertar reféns;

e) Para suster ou impedir atentado em curso ou iminente, ou a continuação de atentado grave, contra instalações de utilidade pública ou social e que seja susceptível de provocar prejuízo importante;

f) Para abate de animais indiferenciados que façam perigar pessoas ou bens ou que, gravemente feridos, não possam com êxito ser imediatamente assistidos;

g) Como meio de alarme ou pedido de socorro, numa situação de emergência, quando outros meios não possam ser utilizados com a mesma finalidade;

h) Quando a manutenção da ordem pública assim o exija ou os superiores do agente, com a mesma finalidade, assim o determinem.

2 – É proibido o recurso a arma de fogo sempre que possa constituir perigo para terceiros, salvo em estado de necessidade resultante do previsto no n.º 1.

ARTIGO 3.º

1 – O recurso a arma de fogo deve ser precedido de advertência, claramente perceptível, sempre que a natureza do serviço e as circunstâncias o permitam.

2 – A advertência pode consistir em tiro para o ar, desde que seja de supor que ninguém venha a ser atingido, e que a intimação ou advertência prévia possa não ser clara e imediatamente perceptível.

ARTIGO 4.º

1 – O agente da Polícia de Segurança Pública que tenha recorrido a arma de fogo é obrigado a socorrer ou a

tomar medidas de socorro aos feridos, logo que lhe seja possível.

2 – O recurso a arma de fogo torna obrigatório relato de tal facto, por escrito, aos superiores hierárquicos, no mais curto prazo possível, ainda que não tenha resultado qualquer dano.

ARTIGO 5.º

Para os efeitos previstos nos artigos anteriores, o exercício de funções na Polícia de Segurança Pública é considerado de carácter permanente e obrigatório, ainda que prestado fora da área normal de actividade do agente.

ARTIGO 6.º

O presente diploma entra em vigor no dia imediato ao dia da sua publicação.

Visto e aprovado em Conselho de Ministros de 25 de Agosto de 1983. - *Mário Soares - Carlos Alberto da Mota Pinto - Eduardo Ribeiro Pereira.*

Promulgado em 22 de Setembro de 1983.

Publique-se.

O Presidente da República, ANTÓNIO RAMALHO EANES.

Referendado em 26 de Setembro de 1983.

O Primeiro-Ministro, *Mário Soares*

DECRETO-LEI N.º 321/94
de 29 de Dezembro

LEI ORGÂNICA DA POLÍCIA DE SEGURANÇA PÚBLICA

TÍTULO I

Natureza, missão e competências

[...]

CAPÍTULO II

Competência

[...]

ARTIGO 6.º

Competência exclusiva

1 – Compete em exclusivo à PSP, em todo o território nacional, em matéria de controlo de armas, munições e substâncias explosivas que não pertençam às Forças Armadas e demais forças e serviços de segurança:

a) Assegurar o registo, organizar o cadastro e fiscalizar a comercialização e o uso e transporte de armas;
b) Assegurar o cumprimento das medidas preventivas e de controlo relativas ao fabrico, armazenamento, comercialização e uso e transporte de munições e substâncias explosivas e equiparadas.

....

[...]

ARTIGO 9.º

Medidas de polícia

1 – A PSP utiliza as medidas de polícia legalmente previstas e aplicáveis nas condições e termos estabelecidos na Constituição e na lei, designadamente:

a) ....
b) ....
c) Apreensão temporária de armas, munições e explosivos;
d) Encerramento temporário de paióis, depósitos ou fábricas de armamento ou explosivos e respectivos componentes;
e) Revogação ou suspensão de autorizações aos titulares dos estabelecimentos referidos na alínea anterior;
f) Encerramento temporário de estabelecimentos destinados à venda de armas ou explosivos.

2 – As medidas previstas nas alíneas *d)*, *e)* e *f)* do número anterior são, sob pena de nulidade, imediatamente comunicadas ao tribunal competente e apreciadas pelo juiz, em ordem à sua validação.

3 – A PSP utiliza as medidas de polícia para a prossecução dos objectivos e missões que lhe estão cometidos por lei e definidos pelo Governo, não podendo impor restrições ou fazer uso dos meios de coerção para além do estritamente necessário.

4 – Os meios coercivos só poderão ser utilizados nos seguintes casos:

a) Para repelir uma agressão actual e ilícita em defesa própria ou de terceiros;
b) Para vencer resistência à execução de um serviço no exercício das suas funções e manter o princípio da autoridade, depois de ter feito aos resistentes intimação formal de obediência e esgotados que tenham sido quaisquer outros meios para o conseguir.

5 – A PSP pode utilizar armas de qualquer modelo e calibre.

6 – O recurso à utilização de armas de fogo é regulado em diploma específico.

[...]

DECRETO-LEI N.º 295-A/90
de 21 de Setembro

LEI ORGÂNICA DA POLÍCIA JUDICIÁRIA

[...]

CAPÍTULO III

Pessoal

[...]

SECÇÃO II

Deveres, incompatibilidades, direitos e regalias

[...]

ARTIGO 92.º

Uso de armas de fogo

1 – O recurso a armas de fogo por funcionários da Polícia Judiciária só é permitido como medida extrema de coacção e desde que proporcionado às circunstâncias, nomeadamente:

a) Para impedir agressão iminente ou em execução, dirigida contra si ou terceiros;

b) Para efectuar a captura ou impedir a fuga de indivíduo determinado, fortemente suspeito de haver cometido crime grave, designadamente com utilização de armas de fogo, bombas, granadas ou explosivos;

c) Para efectuar a prisão do indivíduo evadido ou que seja objecto de ordem ou mandado de captura pela prática do crime a que corresponda pena de prisão superior a um ano, ou para impedir a fuga de qualquer indivíduo regularmente preso ou detido;

d) Para libertar reféns;

e) Para impedir um atentado grave e iminente contra instalações de utilidade pública ou social cuja destruição provoque um prejuízo importante.

2 – É proibido o uso de armas de fogo sempre que possa resultar perigo para terceiros, além do visado ou visados, salvo em caso de legítima defesa ou estado de necessidade.

3 – A Polícia Judiciária pode utilizar armas de qualquer modelo e calibre.

ARTIGO 93.º

Advertência do uso de arma de fogo

1 – O uso de arma de fogo deve ser precedido de advertência claramente perceptível, sempre que a natureza do serviço e as circunstâncias o permitam.

2 – A advertência pode consistir num tiro para o ar, desde que seja de supor que ninguém venha a ser atingido e que a intimação ou advertência prévia não possa ser clara e imediatamente perceptível.

3 – O funcionário da Polícia Judiciária que tenha usado arma de fogo é obrigado a relatar tal facto, por escrito, aos superiores no mais curto prazo de tempo possível, mesmo que do seu uso não tenha resultado qualquer dano.

ARTIGO 94.º

Obrigação de socorro

O funcionário da Polícia Judiciária que tenha feito uso de arma de fogo é obrigado a tomar medidas de socorro aos feridos logo que lhe seja possível.

[...]

CAPÍTULO V
Disposições finais e transitórias

[...]

ARTIGO 156.º
Objectos que revertem a favor da Polícia Judiciária

1 – Os objectos apreendidos pela Polícia Judiciária que venham a ser declarados perdidos a favor do Estado ser-lhe-ão afectos quando:

a) Possuam interesse criminalístico;
b) Se trate de armas, munições, viaturas e outro equipamento com interesse para a instituição.

2 – A utilidade dos objectos a que se refere o número anterior deve ser proposta pela Polícia Judiciária no relatório final do respectivo processo, com a concordância do director-geral ou director-geral-adjunto, em caso de delegação.

[...]

DECRETO-LEI N.º 231/93
de 26 de Junho

LEI ORGÂNICA DA GUARDA NACIONAL REPUBLICANA

TÍTULO I
Disposições gerais

[...]

CAPÍTULO III
Direitos e deveres gerais

[...]

ARTIGO 21.º
Armamento e uniformes

1 – Os militares da Guarda, no cumprimento das suas missões, utilizam o armamento que lhes for distribuído.

2 – ....

ARTIGO 22.º
Detenção, uso e porte de armas

Os militares da Guarda têm direito à detenção, uso e porte de armas de qualquer natureza, sendo, no entanto, obrigados ao seu manifesto quando sejam de sua propriedade.

[...]

ARTIGO 29.º

Medidas de polícia

1 – Constituem medidas de polícia aplicáveis nos termos e condições previstos na Constituição e na lei:

a) ....

b) ....

c) A apreensão temporária de armas, munições e explosivos;

d) ....

2 – Consideram-se medidas especiais de polícia, que, sob pena de nulidade, devem ser imediatamente comunicadas à autoridade judiciária competente para a sua apreciação e confirmação, as seguintes:

a) O encerramento temporário de paióis, depósitos ou fábricas de armamento ou explosivos e respectivos componentes;

b) O encerramento temporário de estabelecimentos de venda de armas ou explosivos;

c) ....

[...]

ARTIGO 30.º

Meios coercivos

1 – Nos termos e limites da lei, os militares da Guarda podem fazer uso dos meios coercivos de que dispõem nas circunstâncias seguintes:

a) Para repelir uma agressão iminente ou em execução, em defesa própria ou de terceiros;

b) Para vencer a resistência violenta à execução de um serviço no exercício das suas funções e manter o princípio da autoridade, depois de ter feito aos resistentes intimação de obediência e após esgotados outros meios para o conseguir;

c) Para efectuar a captura de indivíduos evadidos de estabelecimentos prisionais ou que sejam destinatários de mandatos de detenção pela prática de crime a que corresponda pena de prisão superior a três anos ou impedir a fuga de qualquer indivíduo legalmente preso ou detido.

2 – ....

[...]

DECRETO-LEI N.º 265/93
de 31 de Julho

ESTATUTO DOS MILITARES DA GUARDA NACIONAL REPUBLICANA

TÍTULO I
Parte comum

[...]

CAPÍTULO II
Deveres e direitos

SECÇÃO I
Deveres

[...]

ARTIGO 13.º
Uso de meios adequados

1 – ....

2 – ....

3 – O militar da Guarda deve utilizar a força só nos casos expressamente previstos na lei, utilizando as armas unicamente para:

a) Repelir uma agressão iminente ou em execução, em defesa própria ou de terceiros;
b) Vencer a resistência violenta à execução de um serviço no exercício das suas funções e manter a autoridade depois de ter feito aos resistentes intimação inequívoca de obediência, e após esgotados todos os outros meios possíveis para o conseguir.

[...]

SECÇÃO II

Direitos

[...]

ARTIGO 22.º

Outros Direitos

1 – Constituem direitos do militar da Guarda no cumprimento da sua missão:

a) ....

b) ....

c) ....

d) ....

e) ....

f) ....

g) Beneficiar da detenção, uso e porte de armas de qualquer natureza, sendo, no entanto, obrigado ao seu manifesto quando de sua propriedade.

....

[...]

LEI N.º 21/85
de 30 de Julho

ESTATUTO DOS MAGISTRADOS JUDICIAIS

[...]

CAPÍTULO II
Deveres, incompatibilidades, direitos e regalias dos magistrados judiciais

[...]

ARTIGO 17.º
Direitos especiais

1 – São direitos especiais dos magistrados judiciais:

a) ....

b) O uso, porte e manifesto gratuito de armas de defesa e a aquisição das respectivas munições, independentemente de licença ou participação, podendo requisitá-las aos serviços do Ministério da Justiça, através do Conselho Superior da Magistratura;

c) ....

d) ....

e) ....

....

[...]

LEI N.º 47/86
de 15 de Outubro

LEI ORGÂNICA DO MINISTÉRIO PÚBLICO

[...]

PARTE II
Da Magistratura do Ministério Público

TÍTULO ÚNICO
Magistratura do Ministério Público

[...]

CAPÍTULO II
Incompatibilidades, deveres e direitos dos magistrados

[...]

ARTIGO 85.º
Direitos especiais

1 – Os magistrados do Ministério Público têm especialmente direito:

a) ....

b) Ao uso, porte e manifesto gratuito de armas de defesa e à aquisição das respectivas munições, independentemente de licença ou participação, podendo requisitá-las aos serviços do Ministério da Justiça, através da Procuradoria Geral da República;

c) ....

d) ....

e) ....

f) ....

....

[...]

CÓDIGO PENAL

DECRETO-LEI N.º 48/95
de 15 de Março ([1])

ARTIGO 4.º

Para efeito do disposto no Código Penal, considera-se arma qualquer instrumento, ainda que de aplicação definida, que seja utilizado como meio de agressão ou que possa ser utilizado para tal fim.

CÓDIGO PENAL ([2])

[...]

LIVRO II
Parte Especial

TÍTULO IV
Dos Crimes Contra a Vida em Sociedade

CAPÍTULO III
Dos Crimes de Perigo Comum

[...]

ARTIGO 275.º
(Substâncias explosivas ou análogas e armas)

1 - Quem importar, fabricar, guardar, comprar, vender, ceder ou adquirir a qualquer título, transportar, distribuir, detiver, usar ou trouxer consigo engenho ou substância explosiva ou capaz de produzir explosão nuclear, radioactiva ou própria para a fabricação de gases tóxicos ou asfixiantes, fora das condições legais ou em contrário das prescrições da autoridade competente, é punido com pena de prisão até 3 anos ou com pena de multa.

([1]) Diploma que aprovou a revisão do Código Penal de 1982.

([2]) Com a redacção introduzida pelo Decreto-Lei nº 48/95, de 15 de Março.

2 – Se as condutas referidas no número anterior disserem respeito a armas proibidas, nestas se incluindo as que se destinem a projectar substâncias tóxicas, asfixiantes ou corrosivas, o agente é punido com penas de prisão até 2 anos ou com pena de multa até 240 dias.

3 – Quem detiver ou trouxer consigo mecanismo de propulsão, câmara, tambor ou cano de qualquer arma proibida, silenciador ou outro aparelho de fim análogo, mira telescópia ou munições, destinados a serem montados nessas armas ou por elas disparadas, se desacompanhados destas, é punido com pena de prisão até 1 ano ou com pena de multa até 120 dias.

CÓDIGO PENAL (*)

[...]

LIVRO II
Parte Especial

TÍTULO III
Dos Crimes Contra os Valores e Interesses da Vida em Sociedade

CAPÍTULO III
Dos Crimes de Perigo Comum

SECÇÃO I
Dos Incêndios, Explosões, Radiações e Outros Crimes de Perigo Comum

[...]

ARTIGO 260.º
(Armas, engenhos, matérias explosivas e análogas)

A importação, fabrico, guarda, compra, venda ou cedência por qualquer título, bem como o transporte, detenção, uso e porte de armas proibidas, engenhos ou materiais explosivos ou capazes de produzir explosões nuclea-

(*) Código Penal de 1982, aprovado pelo Decreto-Lei nº 400/82, de 23 de Setembro.

res, radioactivos ou próprios para a fabricação de gases tóxicos ou asfixiantes, fora das condições legais ou em contrário das prescrições das autoridades competentes, serão punidos com prisão até 3 anos ou multa de 100 a 200 dias.

[...]

TÍTULO V
Dos Crimes Contra o Estado

CAPÍTULO I
Dos Crimes Contra a Segurança do Estado

SECÇÃO II
Dos Crimes Contra a Realização do Estado de Direito

[...]

ARTIGO 361.º (*)
(Armas proibidas, engenhos ou substâncias explosivas)

1 – Quem, com a intenção de destruir, alterar ou subverter o Estado de direito constitucionalmente estabelecido, importar, fabricar, preparar, guardar, comprar, vender, ceder ou adquirir por qualquer título, distribuir, transportar, detiver ou usar armas proibidas, engenhos, substâncias explosivas ou capazes de produzir explosões nucleares, radioactivas ou próprias para a fabricação de gases tóxicos ou asfixiantes será punido com prisão de 2 a 6 anos.

2 – Quem, com a intenção referida no número anterior, furtar ou roubar, ou conscientemente detiver em seu poder, substâncias ou engenhos explosivos ou semelhantes, ou armas ou equipamentos de comunicação, considerados de uso exclusivo das forças armadas ou das forças militarizadas, será punido com prisão de 2 a 8 anos.

3 – A cumplicitude e a tentativa são, respectivamente, equiparadas, à autoria e a consumação.

(*) Artigo sem correspondência no Código Penal revisto pelo Decreto-Lei n.º 48/95, de 15/3.

Parte II

JURISPRUDÊNCIA CLASSIFICADA

JURISPRUDÊNCIA CLASSIFICADA

– Supremo Tribunal de Justiça: Assento, de 5 de Abril de 1989 (A detenção, uso ou porte de uma pistola de calibre 6,35 mm, não manifestada nem registada, constitui o crime previsto e punível pelo artigo 260.º do Código Penal).

– Jurisprudência vária.

SUPREMO TRIBUNAL DE JUSTIÇA

Assento (*)

Acordam, em sessão plenária, no Supremo Tribunal de Justiça:

Ao abrigo do disposto no artigo 668.° do Código de Processo Penal, o Ex.mo Procurador-Geral-Adjunto neste Supremo Tribunal interpôs recurso para o seu pleno do Acórdão de 17 de Junho de 1987, proferido no processo n.° 38 895 e reproduzido a fls. 10 e seguintes, com fundamento na existência de oposição relevante entre ele e o Acórdão de 26 de Abril de 1984, publicado no *Boletim do Ministério da Justiça*, n.° 336, a pp. 394 e 345, ambos deste mesmo Tribunal.

O mesmo e digno magistrado sintetizou a invocada oposição nos termos seguintes:

No Acordão de 26 de Abril de 1984 perfilhou-se o entendimento de que uma pistola de calibre 6,35 mm, não manifestada nem registada, tem de considerar-se «arma proibida», pelo que a sua detenção, uso e porte consubstancia o crime do artigo 260.° do Código Penal.

Outro é o entendimento do acórdão recorrido, no qual se decidiu que uma pistola daquele calibre, quando não manifestada nem registada, não é uma «arma proibida», pelo que a sua detenção, uso e porte não é incriminável por aquele citado dispositivo legal.

(*) Publicado no Diário da República, 1.ª série, n.º 109, de 12/ /05/1989.

No acordão a fls. 24 e 25 reconheceu-se preliminarmente existir a alegada oposição.

O Ministério Público produziu notável parecer acerca da solução a dar ao presente conflito de jurisprudência, pronunciando-se favoravelmente sobre a tese da incriminação da situação equacionada nos termos referidos pelo artigo 260.º do Código Penal, com a consequente revogação do acórdão recorrido e formulação de um assento que, no seu entender, deveria ter a redacção seguinte:

> A detenção, uso e porte de uma pistola de calibre 6,35 mm, não manifestada nem registada, integra um crime previsto e punido pelo artigo 260.º do Código Penal.

Colhidos os vistos, cumpre decidir.

I – O reconhecimento jurisdicional da existência da oposição não impede que o tribunal pleno decida em contrário (artigo 776.º, n.º 3, do Código de Processo Civil, *ex vi* do artigo 668.º, § único, do Código de Processo Penal).

Ora, reexaminando a questão, torna-se óbvio que a oposição existe.

Com efeito, os dois acórdãos em confronto, que foram proferidos sobre a mesma questão de direito, no domínio da mesma legislação, havendo já transitado em julgado o primeiro deles ou como tal se devendo presumir, concluíram e decidiram em termos de irredutível contradição. Onde um diz não o outro responde sim.

Como assim, ocorre entre os dois julgados uma oposição, a qual serve de fundamento ao recurso extraordinário interposto para o tribunal pleno a fim de se fixar jurisprudência.

II – O *diferendum* em causa tem-se verificado em numerosos julgados deste Supremo Tribunal, com clara preponderância para aqueles que defendem a tese patrocinada pelo Ministério Público.

Assim, além daquela jurisprudência citada nas alegações a fls. 28 e seguintes, podem citar-se, de entre os mais recentes:

No sentido da incriminação:

Acórdão de 28 de Janeiro de 1987 (processo n.º 38 220);
Acórdão de 25 de Março de 1987 (processo n.º 38 663);
Acórdão de 13 de Maio de 1987 (processo n.º 38 886);
Acórdão de 13 de Maio de 1987 (processo n.º 38 941);
Acórdão de Fevereiro de 1989 (processo n.º 39 880);

No sentido da não incriminação:

Acórdão de 24 de Fevereiro de 1988 (processo n.º 39 431).

Portanto, embora não se tenha procedido a um levantamento exaustivo da jurisprudência deste Tribunal sobre a matéria, é certo que a tese dos defensores da descriminalização da detenção, uso e porte das armas ditas permitidas, não manifestadas nem registadas, é minoritária.

III – O núcleo essencial da problemática em análise reside na dúvida sobre o que se deve entender por «armas proibidas».

No acórdão recorrido parte-se da ideia de que tal conceito, que contrapõe ao de «armas permitidas», corresponde a uma larga tradição da legislação nacional, que ainda hoje se manteria.

Sem haver que remontar mais atrás, essa distinção já se continha no Decreto-Lei n.º 37 313, de 21 de Fevereiro de 1949, que, aliás, ainda continuaria em vigor na parte em que classifica as armas e regulamenta o uso das que são permitidas, sendo, no entanto, que submetia às penas do § único do artigo 169.º do anterior Código Penal tanto o uso das «armas proibidas» (no seu artigo 66.º) como o uso irregular das «armas permitidas» (§ único do seu artigo 36.º).

«Veio depois o Decreto-Lei n.º 207-A/75, de 17 de Abril, que estabeleceu punições diferentes para as 'armas proibidas' e para as permitidas, mas não registadas [artigos 4.º e 5.º, n.º 1, alínea *a)*, respectivamente], mantendo a distinção e usando mesmo e expressamente a designação das armas proibidas e das armas permitidas nos artigos 4.º, n.º 1, e 7.º, n.º 2, respectivamente.»

Posteriormente, o Decreto-Lei n.º 400/82, de 23 de Setembro, que aprovou o Código Penal vigente, revogou *expressis verbis* os artigos 4.º e 5.º daquele diploma de 17 de Abril de 1975.

Simplesmente, no artigo 260.º deste Código só se faz menção a «armas proibidas».

Daqui concluir-se pela descriminalização das denominadas «armas permitidas», quando estas sejam detidas, usadas ou trazidas sem manifesto ou registo.

IV – Não parece, porém, que assim se deva entender e decidir. A mera circunstância de na lei penal actual não se fazer menção expressa a «armas permitidas» não consente, de modo algum, a ilação de que as que como tal eram classificadas passassem a ter-se como legalizadas ou, melhor, como legais, sem necessidade de manifesto ou registo.

Desde logo porque, como se acentua no Acórdão deste Tribunal de 27 de Maio de 1987 (publicado no *Boletim do Ministério da Justiça*, n.º 367, a pp. 329 e seguintes), «um conceito pode ajustar-se a uma norma incriminadora [estamos a pensar nos artigos 3.º e 5.º, n.º 1, alínea *a)*, do Decreto-Lei n.º 207-A/75, de 17 de Abril] e não servir a outra», ou seja, a do citado artigo 260.º.

Depois, porque uma arma de fogo, embora de defesa, que para estar legalizada (tornada legal) e ser permitida a sua detenção e uso carece de estar manifestada e registada, é uma arma proibida enquanto não forem satisfeitas essas exigências legais (Acórdão do Supremo Tribunal de Justiça de 21 de Fevereiro de 1985, in *Boletim do Ministério da Justiça*, n.º 344, p. 274).

Como diz o Ex.mo Procurador-Geral-Adjunto, «toda a intenção administrativa em matéria de controlo da posse de armas por particulares tem ínsita a ideia de regulamentar uma prática ou uma actividade em princípio *proibidas*, podendo a Administração conferir o poder de exercê-las verificadas certas condições».

Revertendo àquele Acórdão de 27 de Maio de 1987, que contém uma síntese perfeita de um conjunto de argumentos altamente sensibilizantes, dir-se-á, em jeito de conclusão:

> Assim sendo, o artigo 260.º ocupou o lugar dos artigos 4.º e 5.º do Decreto-Lei n.º 207-A/75, na extensão do § único do antigo artigo 169.º. Ora, tanto este preceito, esclarecido pelo § único do artigo 36.º do Decreto-Lei n.º 37 313 [...], como aqueloutros incriminavam não só o uso e porte das chamadas «armas proibidas» (artigo 3.º do diploma de 1975), como também das de defesa não manifestadas.
>
> Isto, por outras palavras, significa que o Código actual adoptou um conceito de «arma proibida» mais amplo do que o do mencionado artigo 3.º do Decreto-Lei n.º 207-A/75, exactamente aquele que neste diploma se desdobrava pelos seus artigos 4.º e 5.º e que no Código de 1886 já se apresentava unitário.
>
> Sob o ponto de vista gramatical é «proibido tudo quanto estiver fora das condições legais» ou «em contrário das prescrições das autoridades competentes» (palavras do artigo 260.º), e isso tanto com as armas definidas pelo artigo 3.º do Decreto-Lei n.º 207-A/ /75 (enumeração, alias, não taxativa) como com as manifestandas (o citado regulamento prescreve o seu cadastro policial).
>
> Não se objecte com a artificialidade da distinção entre proibições absolutas e relativas e que só as primeiras contam. Além de isso envolver uma petição de princípio, aditaremos que a arma mais vulnerante pode ser legitimamente utilizada por certas pessoas. Logo, não há nenhuma absolutamente proibida; são-no apenas para esta ou aquela categoria de indivíduos.

V – Em sustentação do entendimento por que optou, ou seja, o de que «a detenção da arma que pode ser permitida a particulares, mas não registada, é facto hoje descriminalizado», apela-se no acórdão recorrido para o n.º 23 (por manifesto lapso, fala-se em n.º 22) da introdução ao novo Código Penal, onde «se refere ter havido na elaboração deste uma grande tendência, um forte sentido de descriminalização».

O argumento não colhe, sucedendo até que a referida nota introdutória, ao invés, favorece o entendimento contrário, isto é, o da manutenção da incriminação da situação em causa.

Naquele número da dita introdução afirma-se que «[...] o Código Penal, nesta 'Parte especial', não deixa igualmente de acompanhar as mais modernas tendências do pensamento penal». Mas logo acrescenta que «[...] só as seguiu depois de madura e ponderada reflexão e ainda quando nelas viu correspondência com os valores que o direito penal não pode deixar de defender».

E explica-se mais adiante que no diploma penal «[...] podem-se surpreender duas grandes tendências neste domínio. Por um lado, um forte sentido de descriminalização e, por outro lado, uma vocação para a chamada 'neocriminalização', sendo esta quase exclusivamente restrita aos crimes de perigo comum. É que, numa sociedade cada vez mais técnica e sofisticada nos instrumentos materiais, com os seus consequentes perigos e riscos, a pessoa e a própria comunidade são frequentemente agredidos».

Mas, se assim é, torna-se transparente que o legislador não pode ter querido retirar a ilicitude ao uso e porte de armas de defesa não legalizadas, já que, por essa forma, se iria criar um grave perigo de lesões de interesses vitais para a ordem, segurança e tranquilidade públicas. Não faria sentido introduzir novas incriminações na área dos crimes de perigo comum, por isso corresponder a uma exigência da tendência do novo direito penal, e, ao mesmo tempo, tornar licitas situações que são comummente perigosas.

Apetece, pois, perguntar, como se fez naquele Acórdão de 27 de Maio de 1987:

> Ora, se foi sempre ilegal, criminoso mesmo, andar com arma de defesa por manifestar (cf., primeiramente, o § 1.º do artigo 253.º e depois o § único do artigo 169.º do Código Penal de 1886), por que

não haveriam de continuar assim as coisas com a entrada em vigor do artigo 260.º do Código de 1982, se este – no dizer de Eduardo Correia (*Boletim do Ministério da Justiça* n.º 288, p. 93) – corresponde ao apontado § 1.º do artigo 253.º e – agora dizemos nós – é cópia fiel do § único do artigo 169.º?

Ademais, se a apontada tendência descriminalizadora só foi seguida «depois de madura e ponderada reflexão ainda quando nela se viu correspondência com os valores que o direito penal não pode deixar de defender», então a presunção será a de que no caso em análise se manteve a incriminação, já que, de acordo com a regra de interpretação da lei estabelecida no n.º 3 do artigo 9.º do Código Civil, «na fixação do sentido e alcance da lei, o intérprete presumirá que o legislador consagrou as soluções mais acertadas [...]».

Ora, a solução mais acertada é a contrária à sustentada no acórdão recorrido, e isto por vária ordem de razões que têm sido destacadas na jurisprudência adversa:

1) «Despenalizada a falta de manifesto, isto acarretaria a clandestinidade da venda, transferência, cedência e trânsito das armas a ela sujeitas. Ora, se isso sucedesse em Portugal, o Estado não se teria comprometido, como se comprometeu, pela Convenção Europeia sobre Controlo da Aquisição e da Detenção de Armas de Fogo por Particulares (aprovada pelo Decreto n.º 56/84, de 28 de Setembro), a informar os outros países signatários das mencionadas operações»;

2) A falta de controlo do Estado sobre o armamento de defesa teria desastrosos efeitos – todos os dias se colhem nos tribunais sintomáticos testemunhos de crimes praticados com armas de defesa subtraídas à verificação oficial do registo e manifesto, e no Estado de direito, como é o nosso, não se pode ficar à mercê de uma perigosa liberdade para fabricar, importar, exportar, trazer ou, simplesmente, deter tal armamento.

VI – No acórdão recorrido põe-se uma especial ênfase no argumento de no artigo 260.º se punirem actos de maior gravidade e que «[...] mal pareceria punir igualmente a detenção de materiais explosivos ou capazes de produzirem explosões nucleares ou radioactivas e a detenção de uma pistola vulgar, não registada».

Semelhante dialéctica seria de difícil rejeição se, na verdade, como é seu pressuposto, a pena fixada naquele incisivo legal fosse desproporcionada e não consentisse distinguir a diversa gravidade que as várias situações previstas podem comportar.

Simplesmente, a punição prevista tem uma larga amplitude e é fixada em alternativa – prisão até 3 anos ou multa de 100 a 200 dias.

Como assim, já se torna claro que a pena de multa, que, atente-se bem, não é fixada complementarmente, mas em alternativa à de prisão, será aplicável àqueles casos de menos gravidade objectiva e de mais reduzida culpa (como é o de uso e porte de uma pistola de calibre 6,35 mm, não manifestada nem registada), os quais seria indesejável e, do ponto de vista criminal, politicamente errado sancionar com a pena de prisão, dada a sua natureza manifestamente contravencional.

De resto, não se pode esquecer que o § único do artigo 169.º do antigo Código Penal contemplava igualmente para efeitos sancionatórios não só as situações nele expressamente mencionadas, de iniludível gravidade, como ainda outras de muito menos relevo (como qualquer transacção de armamento não registado ou a sua simples detenção), que lhe ficaram afectadas por extensão do § único do artigo 36.º do Decreto-Lei n.º 37 313.

Note-se, no entanto, que, na vigência do Decreto-Lei n.º 207-A/75, o uso, porte e detenção, tanto do armamento que, embora não proibido, não se encontrava registado como do armamento registado, mas sem a necessária autorização ou licença, era punido com pena de prisão de três meses a dois anos e multa de 5000$ a 100 000$!

VII – Por outra via poder-se á ainda afirmar a ilicitude criminal do uso e porte de arma não registada.

Tanto os soldados da Guarda Nacional Republicana como os agentes da Polícia de Segurança Pública (membros, portanto, de corporações paramilitares) têm direito ao uso e porte de armas de defesa que sejam sua propriedade, independentemente do seu calibre ou de licença, mantendo-se a obrigação do manifesto dessas armas (artigos 6.º, n.º 18, do Decreto-Lei n.º 465/83, de 31 de Dezembro, e 112.º do Decreto-Lei n.º 151/85, de 9 de Maio).

Por sua vez, o artigo 17.º, n.º 1, alínea *b)*, do Estatuto dos Magistrados Judiciais estatui ser direito especial destes o uso, porte e manifesto *gratuito* de armas de defesa, independentemente de licença ou participação (no mesmo sentido, veja-se o Estatuto dos Magistrados do Ministério Público).

Quer dizer: os elementos das forças de segurança e os próprios magistrados têm direito ao uso e porte de armas de defesa, independentemente de licença, mas não já de manifesto, que é obrigatório, embora gratuito para os segundos.

Ora, não é crível que o legislador, que não deve praticar actos desnecessários, estivesse neste caso a estabelecer uma obrigação meramente moral, que não se pudesse sancionar, caso não fosse acatada.

E não se diga que a infracção de tal dever constituiria mera infracção disciplinar, pois esta é, por definição, o facto praticado com violação dos *deveres profissionais* ou o *acto ou emissão da vida pública ou que nela se repercuta incompatíveis com a dignidade indispensável ao exercício das funções.*

VIII – Consinta-se ainda uma breve reflexão sobre a Lei n.º 16/86, de 11 de Junho, para igualmente concluir pela manutenção da penalização do uso e porte de armas de defesa não registadas nem manifestadas.

No artigo 1.°, alínea *r)*, daquela lei dão-se como amnistiáveis as infracções de uso e porte de armas de defesa referidas no Decreto-Lei n.º 37 313 e no n.º 1 do artigo 1.º do Decreto-Lei n.º 207-A/75, desde que o detentor regularize a situação dentro de 180 dias, prorrogáveis em certas condições.

Ora, esta alitude legal – e não pode deixar de presumir-se que o legislador conhece a lei – só se entende desde que os factos amnistiáveis sejam havidos como ilícitos e puníveis na mesma medida em que são todos os demais enunciados naquele preceito.

Não se amnistiam factos lícitos ou ilícitos para que não esteja prevista uma punição.

Para além disto, o legislador fala em infracções de uso e porte de arma, com o que, sem dúvida, se pretende significar não só a ilicilude dos comportamentos amnistiados, como também a sua punibilidade.

IX – De tudo quanto ficou dito, e sem ter sido necessário recorrer à interpretação extensiva, hoje admitida para efeitos de incriminação, forçoso é concluir que a revogação, operada pelo Decreto-Lei n.º 400/82, dos artigos 4.º e 5.º do Decreto-Lei n.º 207-A/75 não criou o vazio legislativo que os defensores do acórdão recorrido pretendem, pois que os factos nestes previstos e sancionados caíram sob a alçada do artigo 260.º do Código Penal.

De resto, a punição destes factos é prementemente exigida pelas necessidades de prevenção criminal, já que é uma constante dos nossos tribunais o terem de se debruçar sobre crimes de ofensas corporais, de homicídios e outros praticados com armas de defesa, não manifestadas nem registadas.

Nestes termos, dá-se provimento ao recurso e, alterando-se o acórdão recorrido, confirma-se o decretado na 1.ª instância.

Neste sentido, resolve-se o presente conflito de jurisprudência lavrando-se o seguinte assento:

> A detenção, uso ou porte de uma pistola de calibre 6,35 mm, não manifestada nem registada, constitui o crime previsto e punível pelo artigo 260.º do Código Penal.

Lisboa, 5 de Abril de 1989 – *José Henriques Ferreira Vidigal* – *João Solano Viana* – *Silvino Alberto Villa-Nova* – *António Carlos Vidal de Almeida Ribeiro* – *Licínio*

Adalberto Vieira de Castro Caseiro – Júlio Carlos Gomes dos Santos – José Alfredo Soares Manso Preto – Manuel Augusto Gama Prazeres – João Alcides de Almeida – Salviano Francisco de Sousa – Fernando Maria Xavier de Figueiredo Brochado Brandão – Cesário Dias Alves – Mário Sereno Cura Mariano – Jorge de Araújo Fernandes Fugas – Afonso de Castro Mendes – Alberto Carlos Antunes Ferreira da Silva – José Manuel de Oliveira Domingues – Eliseu Rodrigues Figueira Júnior – Mário Augusto Fernandes Afonso – Adelino Barbosa de Almeida – José Alexandre Paiva Mendes Pinto – Alberto Baltazar Coelho – Flávio Parreira da Trindade Pinto Ferreira – Fernando Heitor Barros de Sequeiros – Jorge da Cruz Vasconcelos – Augusto Tinoco de Almeida (vencido, pois que, concordando com a orientação do acórdão recorrido – pelas razões dele constantes não destruídas pelas produzidas pela orientação contrária –, entendi que deveria ter sido lavrado assento no sentido de que a detenção, uso ou porte de arma de calibre 6,35 mm, não manifestada nem registada, não constitui crime previsto e punido pela lei, mas, sim, uma simples contravenção, por aquela prevista e sancionada) – *António de Almeida Simões* (vencido. Continuo a entender, como tenho sustentado em vários acórdãos, que o artigo 260.º do Código Penal pune exclusivamente a detenção, uso ou porte das armas discriminadas nos artigos 2.º e 3.º do Decreto-Lei n.º 207-A/75, de 14 de Abril, não estando ali incluidas as pistolas com 6,35 mm de calibre, ainda que não registadas, nem manifestadas) – *António Soares Tomé* (vencido, nos termos do voto do Ex.mo Conselheiro Dr. Almeida Simões) – *José Saraiva* (vencido, com os fundamentos constantes da declaração que junto) – *José Isolino Enes Calejo* (vencido, pelas mesmas razões do Ex.mo Conselheiro José Saraiva) – *Pedro de Lemos e Sousa Macedo* (vencido, nos termos do voto do Ex.mo Conselheiro José Saraiva) – *Fernando Faria Pimentel Lopes de Melo* (vencido, nos lermos da declaração de voto junta) – *José Manuel Menéres Sampaio Pimentel* (votei o assento, mas entendi não poder o pleno do Supremo Tribunal de Justiça aplicar a pena decorrente daquele; para este efeito, o processo devia voltar à Secção Criminal) – *Vasco Lacerda Tinoco* (vencido, pelas razões do voto do Exmo Conselheiro Menéres Pimentel).

Declaração de voto

Entendo que há oposição relevante entre os acórdãos em confronto, mas não concordo nem com a fundamentação do projecto de assento nem com a conclusão do mesmo, conclusão essa que deveria ter a seguinte redacção:

> O artigo 260.º do Código Penal pune exclusivamente a detenção de «armas proibidas» em absoluto, que são as referidas nos artigos 2.º e 3.º do Decreto-Lei n.º 207-A/75, de 17 de Abril. Actualmente, a detenção de «armas de defesa não manifestadas nem registadas» não é punida.

Ponderei o que vou expor concisamente:

A detenção, uso e porte de uma pistola de calibre 6,35 mm, não manifestada nem registada, não integra o crime previsto e punido no artigo 260.º do Código Penal, tendo o legislador optado pela descriminalização – como resulta da simples exegese da citada disposição legal (v., por exemplo, os Acordãos do Supremo Tribunal de Justiça de 22 de Outubro de 1986 e de 17 de Junho de 1987, no *Boletim do Ministério da Justiça* respectivamente n.ºs 360, pp. 353 a 360, e 368, pp. 328 a 334).

Os artigos 4.º e 5.º do Decreto-Lei n.º 207-A/75, de 17 de Abril, foram expressamente revogados pelo artigo 6.º do Decreto-Lei n.º 400/82, de 23 de Setembro, sem que o referido artigo 260.º passasse a abranger o uso e porte de armas permitidas.

Não são esquecidos nem os trabalhos preparatórios do mesmo artigo 260.º nem o princípio contido no artigo 9.º, n.º 3, do Código Civil.

Precisamente por isso – e sob pena de absurdo –, apenas devem ser consideradas como «proibidas» no citado artigo 260.º as que não são permitidas, isto é, as espécies rigorosamente definidas em legislação estranha ao Código Penal (o que restaria do Decreto-Lei n.º 207-A/75).

Assim, a expressão «fora das condições legais ou em contrário das prescrições das autoridades competentes» integraria um conceito útil no aludido artigo 260.º.

O legislador do novo Código Penal não ignorava as coimas e os ilícitos de mera ordenação social e sabia perfeitamente qual o domínio próprio para a intervenção administrativa em matéria do controlo da posse de armas por particulares.

A história dos preceitos só vem reforçar a conclusão de que o mencionado artigo 260.º só abrange as armas absolutamente «proibidas».

A detenção, uso e porte de armas «permitidas», não manifestadas nem registadas, não era considerado como um crime, mas, pelo contrário, uma mera contravenção.

A conclusão da Comissão Revisora do Anteprojecto do Novo Código Penal de que o seu artigo 308.º (que corresponde ao artigo 310.º do projecto publicado no n.º 158 do *Boletim do Ministério da Justiça* e ao artigo 268.º da proposta de lei de 11 de Julho de 1979, no *Boletim* n.º 291, p. 66) correspondia ao artigo 253.º, § 1.º, do Código de 1886 deve ser interpretada *cum grano salis*, isto é, sem esquecer todos os antecedentes legislativos do artigo 260.º do Código Penal de 1982.

O legislador do novo Código Penal foi cuidadoso na redacção do citado artigo 260.º (dele já não consta a pena leve de prisão até um ano ou multa de 10 a 30 dias, mas sim a de prisão até três anos ou multa de 100 a 200 dias), e nada autoriza a conclusão (não obstante ser evidente tratar-se de situações de diferente gravidade) de que nele se comina que a prisão até três anos é só para as armas absolutamente proibidas e que para elas não é aplicável a alternativa da sanção da multa de 100 a 200 dias (interpretação diferente levaria a um contra-senso e estaria até em oposição com a técnica frequentemente usada pelo legislador do Código Penal de 1982 de estabelecer simultaneamente prisão e multa em vários tipos legais).

A técnica legislativa empregada no referido artigo 260.º (que é diferente da utilizada no mencionado artigo 308.º, sendo mais coerente que a referida no *Boletim* n.º 288, pp. 93 a 94 – cf. também a p. 66 do n.º 291 do citado *Boletim*) só é correcta se concluirmos que o ilicito penal administrativo (e não o crime) foi deixado para o Código das Contravenções ou para o domínio das «coimas» e ilícitos de mera ordenação social (pois só o crime se harmoniza com a severidade de uma prisão até três anos; e já não existir o perigo de em legislação especial se agravar a punição – tal agravação ficou realizada na redacção final do respectivo preceito, isto é, no citado artigo 260.º, que certamente teve presente a avisada alusão do Prof. Figueiredo Dias).

O assustador aumento de criminalidade violenta que se verifica, na qual se usam com frequência enorme armas de defesa, não se resolve com a aplicação da aludida multa de 100 a 200 dias.

Não podemos encaixar à força no artigo 260.º do Código Penal o que não está lá, só por o legislador se ter atrasado (desfasamento legislativo – vazio legal, como, por enquanto, também está a verificar-se com alguma evasão fiscal sem pena) na publicação da respectiva legislação complementar do novo Código Penal – o juiz não deve substituir o legislador, sob pena de confusão de duas actividades distintas (v. os artigos 3.º e 4.º, ambos da Lei n.º 21/85, de 30 de Julho, e 1.º, 2.º, 3.º e 6.º, estes da Lei n.º 38/87, de 23 de Dezembro).

No Código Penal de 1982 não se encontra uma única contravenção, pois o legislador do mesmo teve o firme propósito – que realizou – de as excluir todas do mesmo código – criminalizando a que só tinha a aparência de o ser ou deixando para o Código das Contravenções as que verdadeiramente o eram ou para lei própria as que melhor se harmonizavam com a legislacão especial do ilícito de mera ordenação social (cf. o Decreto-Lei n.º 400/82, artigos 6.º, n.º 1, e 7.º, e os Profs. Eduardo Correia e Figueiredo Dias, in *Jornadas de Direito Criminal*, fase I, respectivamente pp. 36 a 37 e 315 a 336).

Se a detenção, uso e porte de arma de defesa (não manifestada nem registada) constituisse o crime do artigo 260.º do Código Penal (exigido pelas necessidades de prevenção criminal), a Lei n.º 16/86, no seu artigo 1.º, alínea *r)*, não o teria amnistiado e nem teria necessidade de nessa alínea se exprimir da forma como o faz, a qual, pelo contrário, revela como o legislador da Lei n.º 16/86 não o considerou crime, embora ponderasse decisões judiciais que tivessem admitido a existência da repristinação do artigo 66.º do Decreto-Lei n.º 37 313 [v., por exemplo, *Colecção de Jurisprudência*, ano VIII, t. 1, pp. 310 a 311, e *Boletim do Ministério da Justiça*, n.os 325, p. 433, e 345, p. 343; cf. ainda o Decreto-Lei n.º 758/76, artigo 2.º, alínea *d)*, e a Lei n.º 17/82, artigo 3.º, alínea *d)*]; e até o facto de existirem infracções disciplinares provenientes de actividades sujeitas a um regime de vigilância. — *Fernando Faria Pimentel Lopes de Melo.*

Declaração de voto

É velha e tradicional a distinção entre armas proibidas e armas permitidas – armas cujo uso e porte é absolutamente proibido e armas cujo uso e porte é permitido mediante registo ou licença –, punindo-se diferentemente o uso de umas ou de outras.

E de há muito se manifesta a tendência para proibir absolutamente o uso de certas armas, especialmente as de guerra.

Face a essa tendência, o Decreto-Lei n.º 35 015, de 15 de Outubro de 1945, alterando o § único do artigo 169.º do Código Penal de 1886, veio punir especialmente... o uso e porte de armas proibidas...

E o Decreto-Lei n.º 37 313, de 21 de Fevereiro de 1949, começa por classificar as armas (artigos 1.º a 10.º) como armas de defesa, armas de caça, armas de precisão, armas de recreio, armas de ornamentação, armas de valor estimativo, material de guerra, utensílios com lâmina destinados a certos usos e armas proibidas.

Permite a cidadãos comuns, a particulares, mediante certas formalidades, o uso de armas de defesa (artigo 53.º), armas de caça (artigo 57.º), armas de precisão e recreio (artigo 62.º), armas de ornamentação (artigo 46.º, § 2.º), armas de valor estimativo (artigos 6.º e 46.º, § 1.º) e utensílios com lâmina destinados a certos usos (artigo 9.º).

Só não permite a cidadãos comuns o uso de armas proibidas, nas quais se inclui o material de guerra, como resulta dos artigos 7.º a 10.º.

Assim, segundo a nomenclatura do Decreto-Lei n.º 37 313, que regulamentou a matéria exaustivamente, existem armas proibidas e armas permitidas.

Ao tempo do Decreto-Lei n.º 37 313, a punição do uso e porte de armas proibidas era a do § único do artigo 169.º do Código Penal de 1886.

E o mesmo decreto mandou punir com a pena daquele § único do artigo 169.º do Código Penal de 1886 a detenção de armamento não registado (§ único do artigo 36.º), pelo que ficaram a ser punidas da mesma forma a detenção de armas proibidas e a de armas permitidas não registadas.

Veio, porém, o Decreto-Lei n.º 207-A/75, de 17 de Abril, a estabelecer punições diferentes para as armas proibidas e para as armas permitidas não registadas [artigos 4.º e 5.º, n.º 1, alínea *a)*, respectivamente], mantendo a distinção (artigos 4.º, n.º 1, e 7.º, n.º 2).

O Decreto-Lei n.º 462-A/76, de 9 de Junho, alterou o artigo 4.º do Decreto-Lei n.º 207-A/75, continuando a usar a expressão «armas proibidas», nas quais se não incluem seguramente as permitidas, visto que estas estavam abarcadas então pelo seu artigo 5.°, que lhes chama «armas não proibidas».

É neste contexto que surge o Decreto-Lei n.º 400/82, de 23 de Setembro, que aprovou o novo Código Penal.

Tal decreto revoga expressamente (artigo 6.º) os artigos 4.º e 5.º do Decreto-Lei n.º 207-A/75, que puniam diferentemente a detenção de armas proibidas e a de armas permitidas.

E, ao mesmo tempo, o artigo 260.º do Código Penal prevê e pune a detenção de armas proibidas.

Ora, não é admissível que o legislador, conhecendo o sistema legal então vigente, com distinção clara de armas proibidas e armas permitidas, para abarcar as duas espécies de armas, usasse apenas a expressão «armas proibidas».

Se tivesse querido referir-se às duas espécies de armas, há de convir-se que não teria sabido exprimir o seu pensamento em termos adequados, o que não é de presumir, nos termos do artigo 9.º, n.º 3, do Código Civil.

Procedendo como procedeu, é fatal a conclusão de que apenas às armas proibidas se quis referir.

O Decreto-Lei n.º 37 313 continua em vigor na parte em que faz a classificação das armas e regulamenta o manifesto e concessão de licenças de uso e porte de armas permitidas; como continuam em vigor os artigos 1.º a 3.º do Decreto-Lei n.º 207-A/75, onde claramente se referem armas permitidas (artigo 1.º, n.º 2) e armas proibidas (artigos 2.º e 3.º).

De forma que o artigo 260.º do Código Penal, dentro deste sistema, referindo-se a armas proibidas, só pode referir-se às que como tais a lei vigente considera, que são as proibidas em absoluto.

Aliás, mal pareceria punir igualmente a detenção de materiais explosivos ou capazes de produzir explosões nucleares ou radioactivas e a detenção de uma pistola vulgar não registada.

Se o artigo 260.º do Código Penal abarca as armas permitidas não registadas, também deveria abarcar as armas permitidas registadas, mas cujo portador não tenha licença de uso e porte, por também serem proibidas relativamente, o que não parece admissível, visto que tal nem no artigo 36.º, § único, do Decreto-Lei n.º 37 313 podia ser incluído.

O legislador deve ter considerado que o uso e porte de armas permitidas não registadas ou sem licença de uso e porte era de natureza contravencional ou contra-ordenacional (n.º 22 da introdução ao Código Penal) e, por isso, fora do âmbito do Código, o que é reforçado pela Lei n.º 24/82, de 23 de Agosto, que, autorizando o Governo a aprovar o Código (artigo 1.º), autorizou-o também a legislar em matéria de contravenção ou contra-ordenação (artigo 2.º). Não o tendo ainda feito, não compete aos tribunais preencher a lacuna.

É evidente a necessidade social da punição da falta de registo de armas, mesmo permitidas, por razão de segurança colectiva. Mas acudir a essa necessidade compete ao legislador, o qual o tribunal, com o presente acórdão, parece querer substituir.

A detenção de armas permitidas, mas não registadas, pelo facto de não ser abarcada pelo artigo 260.º do Código Penal, não significa que fique legalizada, pois o artigo 38.º e seu § 1.º do Decreto-Lei n.º 37 313 continua a exigir o seu manifesto e registo, devendo tais armas, na falta dele e nos termos do artigo 77.º, §§ 7.º e 8.º do mesmo decreto-lei e da declaração do Comando-Geral da Policia de Segurança Pública, de 24 de Fevereiro de 1956 (*Diário do Governo*, 1.ª série, da mesma data), ser apreendidas.

O § único do artigo 169.º do Código Penal de 1886 só punia expressamente a detensão de «armas proibidas», e para que a detenção de outras armas não registadas fosse punida por essa disposição foi preciso que o dissesse concretamente o § único do artigo 36.º do Decreto-Lei n.º 37 313, o que significa que naquele (como no idêntico artigo 260.º do Código Penal) não estava punida a detenção de armas permitidas. De outra forma teria sido desnecessário e sem significado o § único do artigo 36.º citado.

Não se argumente com a expressão constante do artigo 260.º do Código Penal – «fora das condições legais» –, que tem de entender-se como referida ao que está atrás – «armas proibidas», «materiais explosivos [...] radioactivos», etc.

É que tais materiais, mesmo para quem os pode deter ou transportar, estão sujeitos a regulamentação, como a constante do Decreto-Lei n.º 334/83, de 15 de Julho, para produtos explosivos. E a violação dessa regulamentação (condições legais) é que fará incorrer o respectivo detentor no crime do artigo 260.º do Código Penal.

Com estes fundamentos, negaria provimento ao recurso, proferindo assento em sentido contrátio ao que foi tirado. – *José Saraiva.*

Amnistia

Uma faca de mato, com 15 cms de lâmina e 10 cms de cabo utilizada para assaltar o ofendido é arma proibida, pelo que o seu uso e detenção não está amnistiado pela Lei 15/94, de 11 de Maio.

Ac. do STJ de 15-12-94, Col. de Jur./Acordãos do STJ, 1994, t. 3, p. 263

Não pode ser amnistiado o crime do artigo 260º do Código Penal, ao abrigo do disposto na alínea f) do artigo 1º da Lei 15/94, de 11 de Maio, sem que se tenham provado as características da arma, ainda que a mesma esteja cautelarmente apreendida e deva ser declarada perdida a favor do Estado.

Ac. do STJ de 6-7-95, Col. de Jur./Acordãos do STJ, 1995, t. 2, p. 266

Armas apreendidas

Absolvido o réu portador de arma não proibida, deve manter-se a apreensão da arma até que se demonstre a sua legalização.

Ac. da Rel. de Coimbra de 15-2-84, Col. de Jur., 1984, t. 1, p. 68

NO MESMO SENTIDO, *Ac. da Rel. do Porto de 3-12--86, BMJ n.º 362, p. 601*

O § 8.º do artigo 77.º do Decreto-Lei n.º 37 313 não foi revogado por qualquer outro diploma posterior sobre uso e detenção de armas, designadamente pelo actual Código Penal.

Esse preceito está em correlação com o § 6.º do mesmo artigo, pelo que as armas apreendidas em processo crime, mesmo na hipótese de absolvição, só podem ser restituídas a quem se mostrar nas condições legais de ser detentor das mesmas.

Ac. da Rel. do Porto de 31-10-84, Col. de Jur., 1984, t. 4, p. 257

A arma utilizada para o denunciado crime de homicídio voluntário tentado, deverá continuar apreendida, se o processo apenas ficar a aguardar a produção de melhor prova e até que seja mandado arquivar por qualquer razão legal.

Ac. da Rel. de Coimbra de 6-2-85, Col. de Jur., 1985, t. 1, p. 103

Arma branca (Conceito)

A expressão *arma branca* abrange todo um conjunto de instrumentos cortantes e perfurantes, normalmente de aço, a maioria deles utilizados habitualmente nos usos ordinários da vida mas também podendo sê-lo para ferir e matar.

Esta expressão, acessível e perfeitamente compreendida por qualquer pessoa, não implicando o seu uso corrente, na linguagem falada e escrita, especiais conhecimentos jurídicos, é de considerar como integrando apenas matéria de facto.

Ac. do STJ de 30-11-83, BMJ n.º 331, p. 356

Arma inoperacional

Uma arma, só por não se encontrar em condições de funcionamento, não pode ser qualificada de "arma de ornamentação", nos termos do artigo 5.º do Regulamento aprovado pelo Decreto-Lei n.º 37 313, de 21-2-1949.

Uma arma só perde a sua natureza se, de forma irreversível, não estiver em condições de funcionamento.

Ac. da Rel. de Coimbra de 7-7-94, Col. de Jur., 1994, t. 4, p. 48

Arma proibida

Toda e qualquer arma não registada ou manifestada é proibida por lhe faltar uma condição legal inerente à importação, fabrico ou transacção, condição *sine qua non* de segurança social, sendo abrangida pela previsão do artigo 260.º do Código Penal, que utiliza um conceito eminentemente relativo.

Ac. do STJ de 30-11-83, BMJ n.º 331, p. 367

Uma arma de fogo sem manifesto nem registo encontra-se fora das condições legais e, por isso, é proibida (proibição relativa), sendo a sua detenção punível pelo artigo 260.º do Código Penal.

Ac. da Rel. de Lisboa de 12-12-84, BMJ n.º 349, p. 544

NO MESMO SENTIDO, *Ac. da Rel. de Lisboa de 17-4--85, BMJ n.º 353, p. 502*

As armas não manifestadas nem registadas estão fora das condições legais e, por isso, são proibidas, pelo que a sua detenção está abrangida pelo normativo do artigo 260.º do Código Penal vigente.

Ac. da Rel. de Lisboa de 22-5-85, BMJ n.º 354, p. 603

O artigo 260.º do Código Penal não contém um conceito de "armas proibidas".

O intérprete terá de ir procurá-lo na legislação vigente e de socorrer-se do elenco que a lei estabelece no artigo 3.º do Decreto-Lei n.º 207-A/75, de 17 de Abril.

Ac. da Rel. de Évora de 4-11-86, BMJ n.º 363, p. 615

É de considerar arma proibida, para efeitos de tipicização do artigo 260.º do Código Penal, uma navalha, com um sistema de mola, que faz desembainhar a lâmina, de 9 cm e ponta aguçada, premindo-se um pequeno botão metálico, que tem no cabo.

O artigo 9.º do Decreto-Lei n.º 37 313, de 21 de Fevereiro de 1949, foi revogado pelo artigo 3.º, n.º 1, alínea f), do Decreto-Lei n.º 207-A/75, de 17 de Abril.

Ac. da Rel. de Lisboa de 19-1-83, BMJ n.º 329, p. 608

Uma faca de mato com 15,2 cms de lâmina e ponteaguda, mas sem disfarce e de aplicação definida, não é de considerar arma branca proibida.

Ac. da Rel. de Coimbra de 6-4-83, Col. de Jur., 1983, t. 2, p. 51

Actualmente, a detenção injustificada de arma branca susceptível de ser utilizada como arma letal de agressão é enquadrável na previsão do artigo 260.º do Código Penal, por ter a categoria de arma relativamente proibida.

Deve ser havida como arma proibida a arma que, embora permitida, é usada fora das prescrições legais ou sem a necessária licença policial.

Ac. da Rel. de Lisboa de 10-10-83, Col. de Jur., 1983, t. 4, p. 186

O *boxe* é um instrumento sem aplicação definida, que pode ser usado como arma letal de agressão, sendo uma arma proibida.

Ac. da Rel. de Coimbra de 6-6-84, Col. de Jur., 1984, t. 3, p. 98

A descrição legal típica do artigo 260.º do Código Penal é integrada pelo artigo 3.º do Decreto-Lei n.º 207-A/75, de 17 de Abril, disposição em vigor.

Deve considerar-se arma proibida uma navalha de ponta e mola, com 22,5 centímetros de comprimento, tendo de lâmina 10 centímetros e de cabo 12,5 centímetros, com um botão que acciona a mola que abre automaticamente a lâmina.

Ac. da Rel. de Lisboa de 27-7-84, BMJ n.º 346, p. 296

O artigo 3.º do Decreto-Lei n.º 207-A/75, de 17 de Abril, não foi revogado pelo Código Penal de 1982.

Deve considerar-se arma proibida uma navalha, cuja lâmina mede 17,3 cm, dispondo de uma mola de segurança, sem qualquer disfarce.

Ac. da Rel. de Lisboa de 17-10-84, BMJ n.º 347, p. 447

As armas brancas não carecem de disfarce para serem proibidas, reportando-se, a tal propósito, o artigo 3.º, n.º 1, alínea f), do Decreto-Lei n.º 207-A/75, de 17 de Abril, apenas a armas de fogo.

Ac. da Rel. de Lisboa de 24-7-85, BMJ n.º 356, p. 433

Uma navalha, cuja lâmina mede 15 centímetros de comprimento, é uma "arma branca", mas não contendo qualquer disfarce, não pode enquadrar-se na primeira parte da alínea f) do n.º 1 do artigo 3.º do Decreto-Lei n.º 207-A/75, de 17 de Abril.

Trata-se de instrumento "sem aplicação definida", mas para que possa ser qualificado como arma proibida necessário se torna que "o portador não justifique a sua posse" (citado dispositivo legal).

Ac. da Rel. de Évora de 8-7-86, BMJ n.º 361, p. 622

A faca de ponta e mola, como arma branca, as matracas e o *boxe* como instrumento sem aplicação definida, não podem deixar de ser havidos como armas proibidas, conforme o preceituado na alínea f) do n.º 1 do artigo 3.º do Decreto-Lei n.º 207-A/75, de 17 de Abril, visto poderem ser usados como arma letal de agressão, não justificando o portador a sua posse.

Ac. da Rel. do Porto de 15-10-86, BMJ n.º 360, p. 655

As matracas são inegavelmente instrumentos sem aplicação definida, sem outra utilidade que não seja a de agredir.

E, sabido é, podem ser usadas como meio letal de agressão, dada a sua estrutura, que lhes confere um alto grau de contundência.

Sendo injustificada a sua posse, óbvio é a sua qualificação como armas proibidas, nos termos e para os efeitos do disposto nos artigos 3.º do Decreto-Lei n.º 207-A/ /75, de 17 de Abril, e 260.º do Código Penal.

Ac. da Rel. do Porto de 26-11-86, BMJ n.º 361, p. 603

Uma dedeira de bicos (vulgo *boxe*) é um instrumento sem uso definido, perigoso e correntemente utilizado para cometer agressões, estando, por isso, abrangido na previsão do artigo 260.º do Código Penal.

Ac. do STJ, de 14-11-90, BMJ n.º 401, p. 227

Uma navalha de características desconhecidas não cabe no conceito de armas proibidas, pelo que está fora da previsão do artigo 260.º do Código Penal.

Ac. da Rel. do Porto de 19-6-91, BMJ n.º 408, p. 644

Uma faca de cozinha com 30 cm de lâmina é uma arma branca proibida sempre que o portador não justifique a sua detenção.

Ac. da Rel. de Coimbra de 2-4-92, Col. de Jur., 1992, t. 2, p. 81

São armas proibidas, as referidas no artigo 260.º do Código Penal e nos artigos 2.º, n.os 1 e 2 e 3.º, n.os 1 e 2 do Decreto-Lei n.º 207-A/75, de 17 de Abril.

Assim, são proibidas "as armas brancas ou de fogo com disfarce, que possam ser usadas como armas letais de agressão, não justificando o portador a sua posse".

Desta forma, não pode dar-se como verificado o crime de detenção de arma proibida do artigo 260.º do Código Penal, quando apenas se provou que o arguido utilizou uma faca de cozinha, sem qualquer especificação das suas características.

Ac. do STJ, de 7-6-93, Col. de Jur./Acordãos do S.T.J., 1993, t. 3, p. 191

Não se enquadra no conceito de arma proibida, do artigo 260.º do Código Penal, uma faca sem aplicação definida, de venda livre, e que não estava destinada pelo arguido nem por ele foi utilizada para a comissão de qualquer ilícito.

Ac. da Rel. de Évora de 14-6-94, Col. de Jur., 1994, t. 3, p. 294

Uma arma de fogo de fabrico artesanal, constituida por um tubo de ferro, com um cano curto serrado, desmontável em diversas peças e capaz de disparar, embora sem o aspecto corrente de uma arma de fogo e com dimensões reduzidas, é proibida nos termos do artigo 3.º, n.º 1, alíneas d) e f), do Decreto-Lei n.º 207-A/75, de 17 de Abril, e do artigo 260.º do Código Penal.

Ac. do STJ, de 31-1-90, BMJ n.º 393, p. 330

É arma proibida em absoluto um revólver de calibre 9 mm, com aproximadamente 53 mm de comprimento, de alma lisa e com obstrução no seu critério, a fim de impedir o uso de munições com projéctil, de tambor com seis câmaras, em condições de realizar disparos, embora com problemas na rotação/alinhamento do tambor. E é proibida ainda, mesmo que assim não fosse, relativamente, já que não registada nem manifestada.

É arma branca com disfarce uma navalha não vulgar, original, de punho articulado, com cabo em metal perfurado e lâmina de 9,5 cm de comprimento, não rapidamente identificada como navalha quando fechada sob o seu punho articulado. E sendo a mesma um instrumento sem aplicação definida, que pode ser usado como arma letal de agressão, e nao apresentando o arguido razão idónea para a sua posse, é uma arma proibida.

Ac. do STJ de 19-4-91, BMJ n.º 406, p. 373

Desde que foram revogados os artigos 4.º e 5.º do Decreto-Lei n.º 207-A/75 e mantidos em vigor os artigos 1.º a 3.º, onde se definem armas de defesa e armas proibidas, a conclusão é a de que a referência a armas proibidas do artigo 260.º do Código Penal, é feita para os artigos 1.º a 3.º daquele Decreto-Lei.

Uma pistola de gás não se enquadra em qualquer das alíneas dos n.os 1 e 2 do artigo 3.º do citado Decreto-Lei, desde que o gás utilizado não seja substância intoxicante, asfixiante ou vesicante empregues na guerra.

Ac. da Rel. do Porto de 30-4-86, BMJ n.º 356, p. 442

Reveste a natureza de "meio particularmente perigoso", para a verificação do crime do artigo 144.º, n.º 2 do Código Penal, a chamada "moca de Rio Maior".

Este instrumento, todavia, não pode ser considerado arma proibida, segundo a previsão do artigo 260.º do Código Penal.

Ac. do STJ de 16-12-92, BMJ n.º 422, p. 133

A definição de arma é agora dada pelo artigo 4.º do Decreto-Lei n.º 48/95, de 15/3, que reviu o Código Penal – "qualquer instrumento, ainda que de aplicação definida, que seja utilizado como meio de agressão ou que possa ser utilizado para tal fim".

Uma "massa", transportada por um elemento de uma claque de um dos clubes que disputavam um desafio de futebol, é de considerar arma proibida.

Ac. da Rel. de Coimbra de 8-12-95, Col. de Jur., 1995, t. 5, p. 74

Concurso real de infracções

A detenção de arma de defesa, não manifestada, nem registada, é punível pelo artigo 260.º do Código Penal.

O artigo 144.º, n.º 2 deste Código prevê crimes de perigo comum, nomeadamente o do aludido artigo 260.º, como meio de realização do crime de ofensas corporais.

Trata-se de um concurso real de infracções, pois a ofensa corporal apenas concretizou a negação de um dos muitos valores acautelados pela punição do crime de perigo comum que a detenção ilegal da arma de defesa tipifica.

Ac. do STJ de 15-7-83, BMJ n.º 328, p. 371

O crime de uso e porte de arma proibida consuma-se logo que o agente detem a arma.

Em consequência, o crime de detenção de arma proibida não é consumido pela punição do crime de ofensas corporais cometido com essa arma.

Ac. do STJ de 13-4-94, Col. de Jur./Acordãos do STJ, 1994, t. 1, p. 255

O crime de uso e porte de armas proibidas, antes previsto e punido pelos artigos 3.º e 4.º, n.º 1 do Decreto-Lei n.º 207-A/75, de 17 de Abril, na redacção do Decreto-Lei n.º 462-A/76, de 9 de Junho, e hoje pelo artigo 260.º do Código Penal, constitui, no caso em apreço, uma infracção autónoma, em concurso real com o crime de roubo, que deve ser imputado, sob a forma de co-autoria, ao réu que, embora não sendo o executor material, agiu mediante acordo prévio com ele, visando o mesmo fim criminoso que este se propunha, cujo êxito era garantido pelo uso da arma, e com plena consciência e aceitação do resultado da respectiva conduta.

Ac. do STJ de 30-11-83, BMJ n.º 331, p. 345

Verifica-se concurso real entre o crime de roubo qualificado e o crime de uso de arma proibida.

Ac. do STJ de 30-1-91, BMJ n.º 403, p. 203

Tendo os dois arguidos entrado numa agência bancária com o fim de se apropriarem do dinheiro que aí encontrassem, usando um deles uma arma caçadeira de canos serrados, dinheiro que conseguiram contra a vontade dos empregados da agência e pela força sobre eles exercida, praticaram, para além de um crime de roubo, um outro previsto pelo artigo 260.º do Código Penal, pelo uso e porte daquela arma.

No delito de roubo – crime complexo – os bens jurídicos protegidos são não apenas a propriedade, como também a liberdade, a integridade física ou até a própria vida, enquanto que o artigo 260.º tem em vista tutelar o perigo de lesão da ordem, da segurança e tranquilidade públicas, não operando aqui as regras da consunção.

O que qualifica o crime de roubo, nos termos da alínea a) do n.º 3 do artigo 306.º do Código Penal, é a utilização de arma de fogo e não a detenção e uso de arma de fogo proibida, que constitui infracção autónoma, não consumida pela primeira.

Ac. do STJ de 4-2-93, BMJ n.º 424, p. 369

Verifica-se concurso real entre os crimes de roubo do artigo 306.º, n.º 1 e 2, alínea a) – roubo com utilização de arma – e o crime de detenção de arma proibida, do artigo 260.º, todos do Código Penal, dada a diversidade de interesses protegidos.

Ac. do STJ de 15-12-94, Col. de Jur./Acordãos do S.T.J., 1994, t. 3, p. 263

Visando os crimes de perigo comum uma pluralidade indeterminada de bens jurídicos, a efectiva lesão de um não apaga o perigo a que estiveram expostos, por via de uma arma, os restantes (nomeadamente a vida, a integridade física, a tranquilidade, a liberdade e até o património de muitas outras pessoas).

Nestes termos, na alínea f) do n.º 2 do artigo 132.º do Código Penal não está consumido o uso e porte de arma proibida.

Ac. do STJ de 8-2-84, BMJ n.º 334, p. 258

O crime de uso de arma proibida, do artigo 260.º do Código Penal, é um crime de perigo comum, que põe em risco bens juridicamente tutelados de qualquer natureza, enquanto que o crime de homicídio voluntário, do artigo 131.º do Código Penal é um crime contra a vida, bem juridicamente individualizado em cada homem. Assim, não existe coincidência nem mesmo relação de mais para menos entre os valores ou interesses protegidos por cada um desses crimes.

Ac. do STJ de 18-4-90, BMJ n.º 396, p. 234

O crime de detenção de armas e matérias explosivas não é consumido pelo crime de terrorismo em que foram utilizadas.

Ac. do STJ de 16-1-92, Col. de Jur., 1992, t. 1, p. 15

Consumpção de infracções

O crime de homicídio qualificado previsto e punível pelos n.os 1 e 2, alínea f) do art.º 132.º consome o de detenção de arma proibida, utilizada como instrumento letal, p. e p. pelo artigo 260.º, ambos do Código Penal.

Ac. da Rel. de Coimbra de 12-3-86, Col. de Jur., 1986, t. 2, p. 68

NO MESMO SENTIDO, *V. Ac. do STJ de 9-6-93, BMJ n.º 428, p. 284*

Verifica-se um concurso aparente de infracções entre o crime de roubo qualificado e o de uso de arma proibida – sendo este consumido por aquele – devendo aplicar-se somente a pena que pune o roubo qualificado (crime complexo) sob pena de ser violado o princípio *non bis in idem* (conf. artigo 30.º, n.º 1, do Código Penal).

Ac. do STJ de 8-4-87, BMJ n.º 366, p. 280

O crime do artigo 260.º do Código Penal é um crime de perigo comum e como tal é qualificado pela própria lei – vide Capítulo III, do Título III do Livro II, do Código Penal – com cuja punição se visa prevenir o perigo de um número indeterminado de infracções penais, como danos, ofensas corporais, homicídios.

Assim, a circunstância de o homicídio haver sido perpetrado com arma de fogo proibida passa a qualificá-lo, nos termos do art.º 132.º, alínea f), do Código Penal, mas perde autonomia como infracção ao preceito do art.º 260.º, ficando consumida pela punição do homicídio qualificado.

Ac. do STJ de 27-2-91, BMJ n.º 404, p. 233

O crime de detenção de arma proibida não fica autonomizado se o crime de homicídio é julgado qualificado precisamente pela utilização dessa arma.

Ac. do STJ de 28-9-94, Col. de Jur./Acordãos do STJ, 1994, t. 3,p. 206

Detenção, uso e porte de armas proibidas

A detenção de arma de defesa sem manifesto e sem licença constitui o crime previsto no artigo 260.º do Código Penal, e a transgressão ao artigo 66.º do Regulamento aprovado pelo Decreto-Lei n.º 37 313, de 21 de Fevereiro de 1949.

Ac. do STJ de 26-4-84, BMJ n.º 336, p. 339

Não tendo sido revogado o artigo 3.º do Decreto-Lei n.º 207-A/75, de 17 de Abril, pelo Decreto-Lei n.º 400/ /82, de 23 de Setembro, subsistem os conceitos nele figurados e, deste modo, por força do artigo 260.º do Código Penal, a punição da detenção, uso e porte de armas consideradas proibidas naquele primeiro preceito.

Ac. do STJ de 10-7-84, BMJ n.º 339, p. 233

O crime de detenção de arma proibida é um crime permanente, não existindo um crime dessa espécie em cada utilização da arma pelo agente.

Ac. da Rel. de Coimbra, de 14-10-87, Col. Jur., 1987, t. 4, p. 106

A detenção de armas proibidas é punida pela simples produção de perigo concreto ou, mesmo, abstracto, constituido pelo risco sério para a vida e integridade física das pessoas e para a paz social.

Ac. do STJ de 29-4-93, Col. de Jur.- Acordãos do S.T.J. 1993, t. 2, p. 212

A detenção e uso de arma de fogo, considerada de defesa, não manifestada nem registada, integra o crime descrito no artigo 260.º do Código Penal.

Ac. da Rel. de Lisboa de 23-2-83, BMJ n.º 331, p. 591
Ac. da Rel. de Lisboa de 21-11-84, BMJ n.º 348, p. 462

A referência feita no dispositivo legal do artigo 260.º do Código Penal a armas proibidas engloba não somente o sentido estrito e definido no artigo 3º do Decreto-Lei n.º 207-A/75, de 17 de Abril, mas, também, o genérico de armas cujo porte ou uso não é permitido, ilegal e daí proibido, absoluta ou apenas relativamente.

Integra, assim, a descrição legal típica do artigo 260.º referido, a detenção de uma pistola, calibre 6,35 mm, com munições no carregador, sem que o detentor possuísse a necessária licença de uso e porte de arma desse tipo e sem que a pistola estivesse manifestada e registada.

Ac. da Rel. de Lisboa de 1-6-83, BMJ n.º 335, p. 327

A detenção e porte de arma de fogo, de defesa – revólver, calibre 32 – sem estar devidamente licenciado, integra o ilícito criminal previsto e punível pelo artigo 260.º do Código Penal.

Ac. da Rel. de Lisboa de 23-11-83, BMJ n.º 338, p. 458

A detenção de uma espingarda de caça, não manifestada nem registada, constitui crime de detenção de arma proibida, previsto e punido pelo artigo 260.º do Código Penal.

Ac. da Rel. de Lisboa de 25-1-84, BMJ n.º 340, p. 432

Não pode considerar-se abrangida pelo artigo 260.º do Código Penal a detenção de uma espingarda caçadeira não manifestada nem registada, pois não se trata de uma arma proibida pelo artigo 3.º do Decreto-Lei n.º 207-A/75.

Ac. da Rel. de Coimbra de 15-2-84, BMJ n.º 334, p. 538

A detenção e uso de um revólver de calibre 7 mm integra o crime previsto no artigo 260.º do Código Penal.

Ac. do STJ de 3-10-84, BMJ n.º 340, p. 207

Uma arma de fogo de defesa, que para estar legalizada e ser permitida a sua detenção e uso carece de ser manifestada e registada, é uma arma proibida enquanto não forem satisfeitas essas exigências legais.

Uma vez que, simultaneamente com a revogação do artigo 5.º do Decreto-Lei n.º 207-A/75 pelo Decreto-Lei n.º 400/82, se iniciou a vigência do artigo 260.º do Código Penal, a detenção e uso de arma de fogo de defesa não manifestada nem registada não deixou de constituir ilícito criminal, agora punido por aquele preceito do Código Penal.

Ac. do STJ de 21-2-85, BMJ n.º 344, p. 274

A utilização de pistola sem a respectiva licença de uso e porte constitui contravenção prevista e punida pelo artigo 66.º do Decreto-Lei n.º 37 313, de 21 de Fevereiro de 1949, que não foi revogado pelo artigo 5.º do Decreto-Lei n.º 207-A/75, de 17 de Abril, nem sofreu interferência dos artigos 6.º e 7.º do Decreto-Lei n.º 400/82, de 23 de Setembro.

Ac. do STJ de 26-3-85, BMJ n.º 345, p. 343

NO MESMO SENTIDO, *Ac. da Rel. de Lisboa de 11-12-85, BMJ n.º 359, p. 765*

A detenção, uso ou porte de espingarda de caça de dois canos paralelos e calibre 12, sem possuir qualquer documento comprovativo do respectivo manifesto e registo, constitui o crime do artigo 260.º do Código Penal de 1982, "... porque tal arma, sem manifesto, nem registo, encontra-se fora das condições legais (artigos 36.º, § único, 38.º e 46.º do Regulamento aprovado pelo Decreto-Lei n.º 37 313, de 21 de Fevereiro de 1949) e por isso é proibida".

Ac. do STJ de 3-7-85, BMJ n.º 349, p. 252

Integra o crime do artigo 260.º do Código Penal a detenção de sete bombas de pólvora preta com rastilho, cuja posse o arguido não justificou.

Ac. da Rel. do Porto de 26-4-89, BMJ n.º 386, p. 505

Não constitui infracção prevista e punida no artigo 260.º do Código Penal a detenção de um revólver calibre 0,32.

Ac. da Rel. de Coimbra de 10-5-89, BMJ n.º 387, p. 661

A detenção de uma pistola de calibre 6,35 mm, cujo número de série fora raspado, com o fim de não ser conhecido, integra o crime do artigo 260.º do Código Penal, uma vez que tal arma se encontra "fora das condições legais".

Ac. do STJ de 6-12-89, BMJ n.º 392, p. 219

Um revólver de calibre 32, devidamente manifestado e registado, não passa a ser considerado "arma proibida", para os fins do artigo 260.º do Código Penal, só pelo facto de ser furtado por outrem, não titular de licença de uso e porte de arma.

Ac. do STJ de 6-6-90, BMJ n.º 398, p. 258
Ac. do STJ de 6-6-90, Col de Jur., 1990, t. 3, p. 16

A detenção de arma de fogo não manifestada nem registada integra a prática do crime previsto e punível pelo artigo 260.º do Código Penal, interpretado segundo o Assento do Supremo Tribunal de Justiça de 12 de Maio de 1989, mostrando-se mais adequada a punição através de multa do que de prisão.

Ac. do STJ, de 12-6-90, BMJ n.º 398, p. 282

A detenção, uso e porte de pistola de calibre 6,35 mm não manifestada nem registada constitui o crime previsto e punível pelo artigo 260.º do Código Penal.

Ac. do STJ, de 15-9-93, Col. de Jur./ Acordãos do S.T.J., 1993, t. 3, p. 197

Integra a autoria do crime de detenção de arma proibida do artigo 260.º do Código Penal, a detenção de uma arma com os elementos de identidade viciados.

Ac. da Rel. de Coimbra de 15-12-93, Col. de Jur., 1993, t. 5, p. 71

A detenção, uso ou porte de uma pistola de calibre 6,35 milímetros, não manifestada nem registada, não se encontra descriminalizada com a entrada em vigor do Código Penal de 1995, sendo punida pelo n.º 2 do seu artigo 275.º.

Ac. da Rel. do Porto, de 24-1-96, Col. de Jur., 1996, t. 1, p. 241

O agente da P.S.P. não incorre, com o uso da arma que lhe está distribuida, no disposto no Decreto-Lei n.º 207-A/75, de 17 de Abril.

Ac. da Rel. de Lisboa de 10-11-82, BMJ n.º 327, p. 685

Existindo lei especial que especialmente confere aos agentes da Guarda Fiscal o direito de uso e porte de arma de qualquer natureza (artigo 3.º, n.º 19 do Estatuto Militar da Guarda Fiscal, aprovado pelo Decreto-Lei nº 374/ /85, de 20 de Setembro) a arma que lhe esteja distribuída não pode considerar-se proibida, e também não pode entender-se que incorra em uso de arma proibida, ainda que o agente a tenha usado fora das condições do serviço.

Consequentemente, a utilização por um militar da Guarda Fiscal da arma que lhe está distribuida não é legalmente susceptível de integrar a previsão do artigo 260.º do Código Penal, face ao disposto no artigo 31.º, n.º 2, alínea c) do mesmo diploma.

Ac. do STJ, de 19-9-91, BMJ n.º 409, p. 444
Ac. do STJ, de 19-9-91, Col. de Jur., 1991, t. 4, p. 25

Comete o crime do artigo 260.º do Código Penal o agente da P.S.P. que não manifesta a arma de 9 mm que detém.

Ac. do STJ, de 21-10-92, BMJ n.º 420, p. 230

Nos termos do disposto nos artigos único do Decreto-Lei n.º 237/82, de 19 de Junho, e 1.º e 2.º do Decreto-Lei nº 364/83, de 28 de Setembro, o uso da arma distribuida a agente da P.S.P. fora do exercício das suas funções, para cometer um homicídio, não integra o crime de uso de arma proibida, embora não seja justificado.

O uso da pistola nessas circunstâncias não pode ser considerado meio insidioso.

Ac. do STJ de 4-5-94, Col. de Jur./Acordãos do STJ, 1994, t. 2, p. 205

Não integra a autoria do crime do artigo 260.º do Código Penal a actuação do agente da P.S.P. que usa, mesmo fora do exercício das suas funções, a arma que lhe estava distribuída.

Ac. do STJ, de 22-9-94, Col. de Jur./Acordãos do STJ, 1994, t. 3, p. 203

Sendo proibido o porte e uso de uma faca de mato, com o comprimento total de 22,5 cm e uma lâmina de 12,5 cm de comprimento, a conduta do réu, pelo mesmo porte e uso está hoje punida no artigo 260.º do Código Penal.

Ac. da Rel. de Lisboa de 9-6-83, BMJ n.º 335, p. 327

Integra um crime previsto e punido pelo artigo 260.º do Código Penal a detenção e posse de uma navalha de ponta e mola, com o comprimento de 185 mm, sendo 85 de lâmina, com gume de um dos lados e terminada em bico, medindo o cabo 100 mm, sem que o detentor ou possuidor justifique essa detenção e posse.

Ac. da Rel. de Lisboa de 11-10-83, BMJ n.º 337, p. 403

Está em vigor o artigo 3.º do Decreto-Lei n.º 207-A//75, de 17 de Abril.

Assim, é de considerar arma proibida, integrando o seu porte e detenção o crime do artigo 260.º do Código Penal, uma navalha com 8 cm de lâmina e 10 cm de cabo, com uma mola de segurança e terminando em ponta, sem que o seu portador justifique a sua posse.

Ac. da Rel. de Lisboa de 19-11-83, BMJ n.º 338, p. 457

Na economia do artigo 4º do Decreto-Lei n.º 207-A//75, de 17 de Abril, as armas brancas constituem categoria distinta dos "outros instrumentos, com ou sem aplicação definida".

A detenção e o porte injustificados de uma arma branca, em face do mesmo comando, pode constituir crime previsto e punido pelos seus n.ºs 1 e 3, sem passar pelo "ponto intermédio" do respectivo n.º 2.

O uso agressivo de uma arma branca, qualquer que seja, tem sempre o efeito de pôr a nu o seu carácter proibido e leva, normalmente, a que injustificadas resultem a detenção e a posse da mesma.

A faca de mato é uma arma branca e, por força da alínea f) do n.º 1 do artigo 3.º do referido diploma, faz parte da família das armas proibidas, integrando-se hoje a detenção, o porte e o uso respectivos na tipicidade do artigo 260.º do Código Penal.

Ac. da Rel. de Évora de 9-10-84, BMJ n.º 342, p. 450

A detenção e uso de uma faca de mato com 15,5 cm de lâmina, utilizada pelo agente nos serviços domésticos, sem qualquer disfarce e não se tratando de instrumento sem aplicação definida, não integra facto punível, já porque o artigo 4.º do Decreto-Lei n.º 207-A/75, de 17 de Abril, foi revogado pelo artigo 6.º, n.º 2 do Decreto-Lei n.º 400/82, de 23 de Setembro, já porque, pelas suas características, não pode considerar-se arma proibida para efeitos de incriminação do seu uso e porte no artigo 260.º do Código Penal.

Ac. do STJ de 14-11-84, BMJ n.º 341, p. 218

Constitui crime de detenção de arma proibida, previsto no artigo 260.º do Código Penal, o uso de uma faca de caça submarina, com 16 centímetros de comprimento de lâmina fora dos locais próprios para o seu uso e sem que o réu justifique a sua posse.

Ac. do STJ de 8-4-87, BMJ, n.º 366, p. 280

A detenção de uma simples faca de mato não integra o crime do artigo 260.º do Código Penal.

Ac. da Rel. do Porto de 17-10-90, BMJ n.º 400, p. 730

Tratando-se de navalha com lâmina de 7 cm encontrada na residência do arguido, embora de ponta e mola, mas destinada apenas a fins domésticos, a ausência total de perigo é manifesta, o que preclude a imputação ao arguido, pela sua detenção, do crime do artigo 260º do Código Penal.

Não envolve matéria de direito a conclusão de que a navalha se destinava apenas a fins domésticos.

Ac. do STJ, de 22-9-94, Col. de Jur./Acordãos do S.T.J., 1994, t. 3, p. 204

O uso e porte de pistola de gás lacrimogéneo não cabe na previsão do artigo 260.º do Código Penal por se não tratar de arma proibida.

Também não se trata de uma das armas de defesa, referidas no artigo 1.º, n.º 1, do Decreto-Lei n.º 207-A/75, que não possam ser usadas sem licença e que exijam registo ou manifesto.

O uso de uma embalagem de aerosol "spray" contendo um gás produtor de efeitos tóxicos, está incluido na proibição da alínea a) do n.º 2 do Artigo 3.º do citado diploma legal, pelo que cai na previsão do artigo 260.º, supra referido.

Ac. da Rel. do Porto de 25-6-86, BMJ n.º 358, p. 605

A detenção ou o uso de embalagem de gás tóxico, vulgarmente conhecidas como bisnagas de gás paralisante ou de defesa, é enquadrável na figura criminal do artigo 260.º do Código Penal (uso ou detenção de armas proibidas).

Ac. da Rel. de Lisboa de 8-7-87, Col. de Jur., 1987, t. 4, p. 165

O uso e porte de "spray" ou gás lacrimogénio não cabe na previsão do artigo 260.º do Código Penal por não se tratar de arma proibida.

Ac. da Rel. do Porto de 14-12-88, BMJ n.º 382, p. 526

Medida da pena

A pena de multa prevista no artigo 260.º do Código Penal não é de considerar suficiente para a recuperação social do agente e para satisfazer as exigências de reprovação e da prevenção criminal, quando se provou que a arma proibida, que foi instrumento de um crime de homicídio voluntário, foi usada em circunstâncias que sugerem a adequação do facto à personalidade.

Ac. do STJ de 15-6-83, Proc. n.º 37 024 (não publicado) (*)

(*) Sumário constante da anotação ao artigo 260.º do Código Penal Anotado de M. Maia Gonçalves, 4.ª Edição, 1988, Ed. Almedina.

Correspondendo ao crime de detenção de arma proibida previsto e punido no artigo 260.º do Código Penal a moldura penal abstracta de prisão até 3 anos ou multa de 100 a 200 dias e atendendo por outro lado à proliferação ilegal de armas de fogo sem qualquer possiblidade de controlo por parte das entidades policiais, ao arguido, embora primário e tendo confessado os factos, deverá ser aplicada a pena de 120 dias de prisão substituida por igual tempo de multa de 200$00 diários o que perfaz a multa de 24.000$00.

Ac. do STJ de 14-2-90, BMJ n.º 394, p. 379

Sendo aplicável ao crime do artigo 260.º do Código Penal pena de prisão até 3 anos ou multa de 100 a 200 dias, há de concluir-se que a pena de multa não se mostra suficiente para promover a recuperação social do delinquente e satisfazer as exigências de reprovação e prevenção do crime, atentas as seguintes circunstâncias: – Deter o arguido as duas referidas armas, que são armas perigosas, a exigir punição relativamente severa, em ordem à prevenção de crimes; – Ser elevado o grau de ilicitude, já que a conduta do arguido violou duplamente o artigo 260.º do Código Penal; – Apresentar-se a culpa na sua forma mais forte de dolo directo; – Militarem a favor do arguido a sua idade de 18 anos e a confissão espontânea dos factos, sendo que ajuda a mãe e é pobre e humilde, o que é de pouca ou nula relevância. Por conseguinte e face ao disposto nos artigos 71.º e 72.º do Código Penal, a pena de 7 meses de prisão aplicada ao arguido não é exagerada.

Ac. do STJ de 19-4-91, BMJ n.º 406, p. 373

Munições

A detenção simultânea das munições das armas proibidas constitui agravação da ilicitude do crime descrito no artigo 260.º do Código Penal e que não pode estar contida na sua incriminação.

Daí que deva constar da acusação.

Ac. da Rel. de Lisboa de 27-6-84, BMJ n.º 345, p. 440

A detenção de munições sem a arma não constitui ilícito criminal.

Ac. da Rel. de Coimbra de 2-5-85, Col. de Jur., 1985, t. 3, p. 103

Na expressão "armas proibidas" do artigo 260.º do Código Penal consideram-se compreendidas as munições dessas armas, ainda que destinadas a colecção.

Mostrando-se provado pelas instâncias que o arguido agiu deliberada, livre e conscientemente, que sabia serem as munições próprias de armas de guerra e de uso exclusivo das forças armadas, e que a detenção era proibida, não pode admitir-se a falta de consciência da ilicitude da sua conduta.

Ac. do STJ de 25-1-89, BMJ n.º 383, p. 302

A detenção, uso e porte de armas não devidamente manifestadas ou registadas, quando a lei exige o manifesto ou o registo, são subsumíveis à previsão do artigo 260.º do Código Penal, com referência ao Decreto-Lei nº 207-A/ /75, designadamente o seu artigo 3.º, n.º 1, alínea a) e n.º 2, alínea c) (esta última referente a munições próprias das armas proibidas).

Esta alínea c) não foi revogada pelo artigo 6.º do Decreto-Lei n.º 440/82, de 23 de Setembro, que aprovou o novo Código Penal; de qualquer maneira, sempre as munições estariam incluídas na expressão "engenhos ou materiais explosivos", a quc alude aquele artigo 260.º do Código Penal.

Ac. da Rel. do Porto de 24-2-93, Col. de Jur., 1993, t. 1, p. 255

Perda da arma a favor do Estado

A falta de manifesto e registo importa sempre a perda do armamento e munições para o Estado, quer constituam quer não prova, objecto ou instrumento do crime ou contravenção e qualquer que seja a decisão a respeito desta (condenatória ou absolutória).

Ac. da Rel. de Lisboa de 12-5-82, BMJ nº 323, p. 427

Não se provando que ela (uma pistola de lançamento de projécteis de gases) se destinasse à prática de um crime e não sendo proibido o seu porte, não há base legal para ser declarada perdida a favor do Estado.

Ac. da Rel. do Porto de 29-5-85, Col. de Jur., 1985, t. 3, p. 274

A perda a favor do Estado dos objectos a que alude o artigo 107º do Código Penal não é uma pena nem um efeito da pena, mas uma medida autónoma essencialmente preventiva que não depende, sequer, da efectiva condenação do réu, logo, não beneficiando da suspensão da execução da pena.

Ac. do STJ de 13-11-85. BMJ n.º 351, p. 206

Tendo sido declarada suspensa a execução do perdimento da arma, esta deve ser entregue ao réu.

Mas como a revogação da suspensão determina o cumprimento da pena, cuja execução estava suspensa, há que garantir a entrega da arma ao Estado.

Ac. da Rel. do Porto de 5-3-86, BMJ n.º 355, p. 437

Não pode declarar-se perdida a favor do Estado uma pistola, calibre 6,35 mm, apreendida nos autos, decorridos 3 meses sobre o despacho que manda aguardar a produção de melhor prova, sem decisão com trânsito sobre os factos denunciados.

Enquanto a pistola apreendida (calibre 6,35) não estiver manifestada nem registada não pode ser entregue a quem alegar pertencer-lhe.

Ac. da Rel. de Coimbra de 26-11-86, Col. de Jur., 1986, t. 5, p. 101

A perda do instrumento do crime, quando deva ser decretada não é abrangida pela suspensão da execução da pena imposta pela comissão daquele.

Ac. da Rel. de Lisboa de 6-1-88, Col. de Jur., 1988, t. 1, p. 149

Não deve ser decretada a perda a favor do Estado da arma do crime quando esta já lhe pertença e se encontre em poder do réu em virtude de um vínculo de natureza profissional, como o exercício das funções de agente da autoridade.

Ac. da Rel. de Lisboa de 18-1-89, Col. de Jur., 1989, t. 1, p. 145

A arma utilizada na caça proibida, pertencente a outra pessoa, apenas deve ser declarada perdida se, pela sua natureza, puser em perigo a segurança das pessoas, a moral ou a ordem pública, conforme prescrevem os artigos 108.º, n.º 1 e 107, n.º 1 do Código Penal, o que não sucede com a espingarda de caça legalizada.

Ac. da Rel. de Coimbra de 28-6-90, Col. de Jur.,1990, t. 4, p. 90

Para que se declare o perdimento a favor do Estado, é necessário que se verifiquem cumulativamente as condições enunciadas no artigo 107.º, n.º 1 do Código Penal.

Estando uma pistola de calibre 6,35 mm devidamente legalizada e o seu detentor habilitado com licença de uso e porte de arma de defesa, não pode a mesma ser declarada perdida a favor do Estado se este com ela não tiver cometido qualquer crime.

Ac. da Rel. do Porto de 24-10-90, BMJ n.º 400, p. 727

ÍNDICE GERAL

PARTE I

LEGISLAÇÃO

PARTE II

JURISPRUDÊNCIA CLASSIFICADA